Sachrechnen und Größen

Erarbeitet von

Judith Beerbaum, Anja Göttlicher,
Sarah Pfleger, Britta Wettels
und Stephanie Zippel

in Zusammenarbeit mit der
Westermann-Grundschulredaktion

Unter Beratung von

Henrieke Peter

Illustriert von

Angelika Citak und Karoline Kehr

Flex und Flo

Mathematik

Zeichenerklärung

 Du löst alle Aufgaben in deinem Heft. Hier findest du ein Beispiel für den Hefteintrag.

 Male/Zeichne mit der entsprechenden Farbe in dein Heft.

 Benutze Material.

 Bearbeite die Aufgabe in Partnerarbeit.

Mathekonferenz: Tausche dich mit anderen Kindern über deine Ideen, deine Vorgehensweise oder deine Ergebnisse aus.

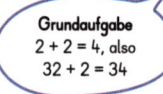 Hier steht ein neues Fachwort.

Hier steht ein neues Fachwort oder ein neues Beispiel, wie du über Mathematik sprechen kannst.

 Verweis auf weitere Übungen auf den angegebenen Seiten im Flex und Flo Arbeitsheft 4 (Ausgabe 2021)

 Verweis auf passenden Diagnosetest im Flex und Flo Diagnoseheft 4 (Ausgabe 2021)

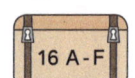 Verweis auf passende herausfordernde Aufgaben in der Flex und Flo Entdeckerkartei 4 (Ausgabe 2021)

 Verweis auf passende interaktive Übungen

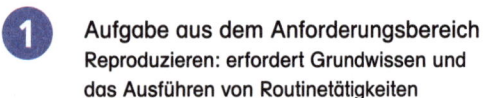 **Aufgabe aus dem Anforderungsbereich I**
Reproduzieren: erfordert Grundwissen und das Ausführen von Routinetätigkeiten

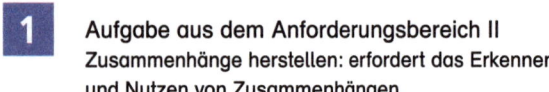 **Aufgabe aus dem Anforderungsbereich II**
Zusammenhänge herstellen: erfordert das Erkennen und Nutzen von Zusammenhängen

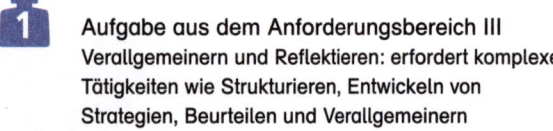 **Aufgabe aus dem Anforderungsbereich III**
Verallgemeinern und Reflektieren: erfordert komplexe Tätigkeiten wie Strukturieren, Entwickeln von Strategien, Beurteilen und Verallgemeinern

 Einführung von Fachwörtern oder Redemitteln
Eine Sammlung der im Heft eingeführten Fachwörter und Redemittel zum Nachschlagen findet sich auf der letzten Doppelseite und der Beilage „Fachwörter und Redemittel 4".

 Medienbildung und Mathematiklernen verbinden
Anregung zur Bearbeitung mathematischer Lerninhalte mit digitalen Werkzeugen

 Erklärvideo in der BiBox

 Tipp zur Verknüpfung der Themenhefte

Inhaltsverzeichnis

Sachrechnen – Tipps

Sachaufgaben lösen

	Tipp
Lies den Text genau.	Erzähle jemandem die Aufgabe mit deinen Worten.
Wie heißt die Frage?	
Welche Angaben sind wichtig?	Markiere oder notiere wichtige Angaben.
Wie musst du rechnen?	$+$ $-$ $\cdot$ $:$
Schreibe die Lösung auf.	Es kann eine Rechnung, eine Skizze oder eine Tabelle sein. Überprüfe dein Ergebnis (Umkehraufgabe, Überschlag).
Schreibe eine Antwort.	Überprüfe die Antwort. Passt sie zu der Frage?

So kannst du Sachaufgaben lösen.

Meine Tipps können dir dabei helfen.

1 Welche Fragen kannst du beantworten?
Übertrage sie in dein Heft. Schreibe auch die Lösung und die Antwort dazu auf.
Bei welchen Fragen brauchst du zusätzliche Angaben?

In Köln gibt es ein Schokoladenmuseum.
Es wurde 1993 von dem Schokoladenhersteller
Dr. Hans Imhoff gegründet.

Öffnungszeiten
Di. bis Fr.: 10 – 18 Uhr
Sa./So.: 11 – 19 Uhr
Montags geschlossen

Eintrittspreise
Erwachsene: 12,00 €
Gruppe ab 15 Personen: 11,50 €
Schüler/-innen: 7,00 €
Gruppe ab 15 Personen: 6,50 €
Geburtstagskinder und Kinder unter 6 Jahren
haben freien Eintritt.

A: Wie lange gibt es das Museum schon?

B: Wann wurde der Gründer Hans Imhoff geboren?

C: Wie viele Stunden hat das Museum in einer Woche geöffnet?

D: Wie viel kostet der Eintritt für fünf Erwachsene?

E: Wie viele Besucher hat das Museum in einem Jahr?

2 Finde eigene Fragen zu dem Text.
Dein Partnerkind löst sie.

☞ Vorherige Bearbeitung Themenheft Addieren und Subtrahieren bis S. 10 und Themenheft Multiplizieren und Dividieren bis S. 8 empfohlen.

Sachrechnen – Fragen und Angaben

1

Greta und ihr Bruder Levi gehen mit ihren Eltern in eine Pizzeria. Dort treffen sie sich mit ihrer Tante und ihrer Kusine Mailin.
Mailin ist ein Jahr älter als Levi und ein Jahr jünger als Greta.
Alle bestellen sich eine Apfelschorle.
Die Kinder essen Spagetti Napoli für 5 € je Portion.
Von den Erwachsenen isst jeder eine Pizza für 7 €.
Nach dem Essen bezahlt die Tante die Rechnung für alle: 48 €.
Sie gibt der Kellnerin einen 50-€-Schein und sagt: „Der Rest ist für Sie."

Lies den Text und die Fragen. Suche dann im Text die Angaben, die du brauchst, und beantworte die Fragen.

a) Wie viele Personen treffen sich in der Pizzeria?

b) Wie viele Pizzen werden bestellt?

c) Wie viel Geld gibt die Tante der Kellnerin zusätzlich?

d) Wie viel Euro kosten die bestellten Apfelschorlen zusammen?
Wie viel kostet eine Apfelschorle?

e) Wie viele Jahre ist Greta älter als Levi?

2 Mira fährt für ein Wochenende mit dem Zug von Frankfurt zu ihren Großeltern nach Stuttgart.

a) Wie viel kostet die Hin- und Rückfahrt?

b) Wie viel kostet die Hin- und Rückfahrt mit Platzreservierung?

c) Wie lange dauert die Hinfahrt?

d) Wie lange dauert die Rückfahrt?

e) Wie viel Zeit verbringt Mira insgesamt im Zug?

DB

Bahnhof/Haltestelle	Zeit	Preis
Frankfurt (Main) Hbf	ab 9.50 Uhr	61,50 €
Stuttgart Hbf	an 11.30 Uhr	
Stuttgart Hbf	ab 15.30 Uhr	61,50 €
Frankfurt (Main) Hbf	an 16.50 Uhr	

Platzreservierung: 4,50 € pro Fahrt

3 Martha erzählt vom Tischtennisverein.
Lies den Text genau und finde mindestens zwei passende Fragen.

Mein Monatsbeitrag beträgt 8 €.
Wir trainieren jeden Dienstag von 15.30 Uhr bis 17.00 Uhr.
Der Fußweg zur Trainingshalle dauert ungefähr 15 Minuten.
Im letzten Jahr habe ich bei Turnieren 15 Spiele gewonnen, das sind fast doppelt so viele wie im Jahr davor.

4

Schreibt eine eigene Rechengeschichte, bei der ihr

43 + 19 oder 50 − 27 oder 7 · 9 oder 32 : 4 rechnen müsst.

4 Kopiervorlage für die Notation von Rechengeschichten in der Handreichung/BiBox für Lehrer/-innen. 📄 **Textverarbeitung:** Eigene Rechengeschichte schreiben, ggf. ausdrucken, speichern und lösen (Vorlage in der BiBox für Lehrer/-innen).

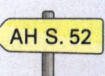 AH S. 52

5

Sachrechnen – Ergebnis prüfen

1 Banu hat viele Sachaufgaben gerechnet. Unten stehen seine Antworten. Welche Antworten können stimmen? Welche nicht? Begründet.

a) Beim Weitwerfen hat Maria 1000 m weit geworfen.

b) Jonas ist an einem Tag 340 km mit dem Fahrrad gefahren.

c) Tarik bezahlt für drei Kugeln Eis 2,40 €.

d) Der Kinofilm dauerte 180 s.

e) Lou hat sich ein Buch für 995 Cent gekauft.

f) Lisas Zimmer ist 120 mm lang.

2 Pia hat 5,67 € in ihrem Geldbeutel. Sie kauft beim Bäcker ein belegtes Brötchen für 2,85 € und bezahlt mit einem 5-€-Schein.

Wie viel Geld hat sie jetzt noch in ihrem Geldbeutel?

a) Welche Lösung passt zu der Frage? Ordne zu.

A
```
L.:   5,0 0 €
    – 2,8 5 €
```

B
```
L.:   5,6 7 €
    – 2,8 5 €
```

C
```
L.:   5,0 0 €
    + 2,8 5 €
```

b) Welche Antwort passt zu der Frage? Ordne zu.

① A.: Pia bekommt 2,15 € zurück.

② A.: Pia hat noch 8,52 € in ihrem Geldbeutel.

③ A.: Pia hat noch 2,82 € in ihrem Geldbeutel.

3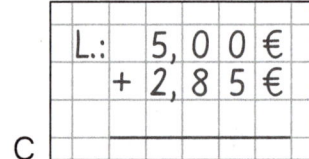

Frau Heinen geht immer an zwei Tagen in der Woche schwimmen.
Das Schwimmbad hat täglich von 7.00 Uhr bis 21.00 Uhr geöffnet.
Von ihrer Wohnung bis zum Schwimmbad sind es mit dem Fahrrad 3 km.
Frau Heinen schwimmt jedes Mal 20 Bahnen. Eine Bahn ist 50 m lang.
Für eine Zehnerkarte bezahlt sie 26 €. Eine Einzelkarte kostet 3,10 €.

Stimmt es oder stimmt es nicht? Überprüfe.

a) Frau Heinen schwimmt bei jedem Schwimmbadbesuch 1 200 m.
b) 2 000 m sind 40 Bahnen im Schwimmbad.
c) Das Schwimmbad hat in der Woche 78 Stunden geöffnet.
d) Frau Heinen bezahlt jede Woche 5,20 € für das Schwimmen.
e) 10 Einzelkarten kosten 4 € mehr als eine Zehnerkarte.
f) Frau Heinen fährt jede Woche 15 km zum Schwimmbad und zurück.

Sachrechnen – Problemaufgaben lösen

1 Adrian möchte ein Mobile
mit Quadraten und Dreiecken basteln.
Er schneidet elf Formen
mit insgesamt 37 Ecken aus.

Wie viele Quadrate hat Adrian
ausgeschnitten?
Wie viele Dreiecke?

Ich erstelle eine Tabelle.

Ich zeichne eine Skizze.

Ich probiere aus.

Ich rechne.

Wie würdet ihr die Aufgabe lösen? Begründet.

2 Wie löst ihr die Aufgaben? Präsentiert euren Lösungsweg.

Denkt daran, die Ergebnisse zu prüfen.

A In einem Theater hat die erste Sitzreihe 15 Plätze,
die zweite hat 18 Plätze, die dritte hat 21 Plätze
und dann immer so weiter.
Jede Reihe hat drei Plätze mehr als die vorige.

Wie viele Plätze hat die 6. Reihe?

B Bauer Hoppe will einen Zaun bauen.
Dazu muss er auf 120 m Länge Zaunpfähle
im Abstand von 10 m setzen.

Wie viele Zaunpfähle braucht er?

C Sila und Ella sind 900 m voneinander entfernt und gehen aufeinander zu.
Sila geht doppelt so schnell wie Ella.

Wie viel Meter geht Ella bis zum Treffpunkt?
Wie viel Meter ist dann Sila gegangen?

D Lena möchte sich ein Fahrrad kaufen. Sie hat schon 73 € gespart.
Zu ihrem Geburtstag bekommt sie von den Großeltern 25 € und von ihrer Tante
15 € geschenkt. Das Fahrrad kostet 189 €. Lenas Eltern werden den Rest bezahlen.

Wie viel Euro werden Lenas Eltern bezahlen?

3 Bäcker Schmitz hat an einem Markttag seine
Einnahmen für Brötchen und Brote notiert.
Damit es sich für den Bäcker lohnt, muss er
beim nächsten Markttag mindestens 200 €
für die gleiche Menge Backwaren einnehmen.

Verändert die Preise entsprechend.

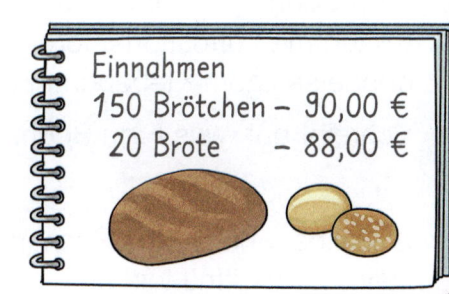

Einnahmen
150 Brötchen – 90,00 €
20 Brote   – 88,00 €

16 A–F   AH S. 53–54

S1

Geld – Wiederholung und Vertiefung

279 ct = 2 € 79 ct = 2,79 €
Das Komma trennt Euro und Cent.

6,78 €	4,99 €	2,79 €	2,19 €	0,89 €	0,59 €	2,54 €
5,46 €		2,49 €		3,99 €	14,99 €	6,99 €
Leinwand 4,65 €		1,99 €		5,99 €		7,99 €

1   a) Artem kauft zum Basteln eine Schere und eine Tube Klebstoff.
Wie viel Euro muss er bezahlen?

b) Er bezahlt mit einem 20-€-Schein.
Wie viel Euro Wechselgeld bekommt er zurück?

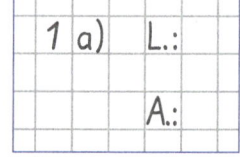

2   Milla hat ein Mobile entworfen und das benötigte Material aufgeschrieben.

a) Wie viel Euro kostet das ganze Material
für Millas Mobile?

b) Millas Freund Ole möchte das gleiche
Mobile bauen. Ausreichend Schnur
hat Milla noch übrig.
Wie viel Euro muss Ole bezahlen?

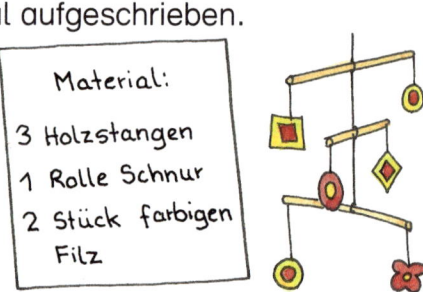

Material:

3 Holzstangen
1 Rolle Schnur
2 Stück farbigen
Filz

3   Frau Baum geht für die Kunst-AG einkaufen. Alle 20 Kinder
wollen mit Luftballons, farbigem Fotokarton, farbigem Bast und
doppelseitigem Klebeband Fantasie-Tiere basteln.

Schreibt auf, was Frau Baum kaufen soll und wie viel es kostet.

4    Schreibe eine eigene Rechengeschichte zu dem Bild oben.
Dein Partnerkind löst sie.

4 Kopiervorlage für die Notation s. Handr./BiBox für Lehrer/-innen. 📄 **Textverarbeitung:**
Rechengeschichte schreiben, ggf. ausdrucken, speichern und lösen (Vorlage s. BiBox).
➡ Vorherige Bearbeitung Themenheft Addieren und Subtrahieren bis S. 10 und Themenheft
Multiplizieren und Dividieren bis S. 8 empfohlen.

8

Geld – Wie viel kostet es ungefähr?

Eintrittspreise
Erwachsene 12,50 €
Kinder 8,75 €

AQUARIUM

Cafeteria

Getränke
Kaffee	2,80 €	Bratwurst	3,40 €
Kakao	2,65 €	Pommes	2,90 €
Wasser	2,20 €	Salat	4,90 €
Saft	2,35 €	Kuchen	2,60 €

Mirja, Lukas und ihr Onkel Johann besuchen ein Aquarium.

1 Kann Onkel Johann den Eintritt für alle mit zwei
20-€-Scheinen bezahlen? Überschlage.

2 In der Cafeteria bestellen die drei einen Kakao, einen Saft
und einen Kaffee. Die beiden Kinder essen jeweils Pommes.
Wie hoch ist die Rechnung ungefähr? Überschlage.

3 Kann das stimmen? Überschlage.

a) Herr Braun isst eine
Bratwurst und trinkt
zwei Tassen Kaffee.
Er soll 7,10 € bezahlen.

b) Maria hat 6 €. Sie meint,
dass sie für sich und ihre
beiden Freundinnen je
einen Kakao kaufen kann.

c) Familie Decker hat 3-mal
Pommes und 3-mal Saft
bestellt. Mats meint,
dass 20 € reichen.

4 Im Andenkenladen kaufen Onkel Johann, Mirja und Lukas noch zwei T-Shirts, ein Buch
über Meerestiere und ein Krebs-Stofftier. Kostet der Einkauf mehr als 30 €? Überschlage.

5 Du hast 15 € und möchtest im Andenkenladen mindestens drei verschiedene Dinge kaufen.
Notiere verschiedene Möglichkeiten.

6 Wann reicht es aus, den ungefähren Preis zu berechnen?
Wann ist die Berechnung des genauen Preises wichtig?
Findet eigene Beispiele.

Geld – Kommazahlen schriftlich multiplizieren

Ein Ball kostet 3,65 €. Wie viel Euro kosten fünf Bälle?

Oben zwei Stellen nach dem Komma, unten zwei Stellen nach dem Komma.

$3,65 € \cdot 5$
$18,25 €$

Ich rechne lieber in Cent und wandle das Ergebnis in Euro um.

$365 \, ct \cdot 5$
$1825 \, ct = 18,25 €$

1 Multipliziere schriftlich.

a) 3,75 € · 4
   1,14 € · 9

b) 7,80 € · 7
   7,08 € · 4

c) 0,95 € · 8
   2,72 € · 7

d) 12,35 € · 3
   19,73 € · 6

e) 122,55 € · 5
   245,85 € · 3

2 Für den Sportunterricht werden verschiedene Materialien angeschafft.
Wie viel Euro kosten …

a) 9 Bälle,

b) 8 Seile,

c) 4 Pylonen,

d) 3 Fußbälle?

3,65 €

4,75 €

9,90 €

29,50 €

3 Multipliziere schriftlich.

a)   5,84 € · 14
    8,33 € · 17

b)   0,84 € · 26
    0,75 € · 32

c) 43,12 € · 28
  27,64 € · 40

d) 137,64 € · 18
  173,30 € · 29

Unten so viele Stellen nach dem Komma wie oben.

$5,84 € \cdot 14$
5840
2336
1
$81,76 €$

4 Für die Regenbogenschule soll Pausenspielzeug bestellt werden. Berechne die Preise. Bestimme den Gesamtbetrag der Rechnung.

Artikel	Einzelpreis	Anzahl	Preis
Ball	2,45 €	15	▬
Roller	68,80 €	2	▬
Paar Stelzen	17,65 €	5	▬
		gesamt:	▬

5 Eure Schule darf für 150 € Pausenspielzeug kaufen. Welche Spielzeuge würdet ihr in welcher Anzahl einkaufen? Informiert euch im Internet, in einem Katalog, … Berechnet den Preis.

5 ▣ **Recherche/Textverarbeitung:** Über Pausenspielzeuge und Preise informieren. Spielzeuge, Anzahl und Preise in einer Tabelle (Vorlage in der BiBox) darstellen, Gesamtbetrag berechnen.
☞ Vorherige Bearbeitung Themenheft Addieren und Subtrahieren bis S. 36 und Themenheft Multiplizieren und Dividieren bis S. 23 empfohlen.

AH S. 55

Geld – Kommazahlen schriftlich dividieren

> **Drei Freunde teilen sich den Preis von 14,85 € für ein Gruppenticket.**
> **Wie viel Euro zahlt jeder?**

1 Dividiere schriftlich.

a) 6,84 € : 4   b) 20,72 € : 8   c) 2,95 € : 5   d) 97,36 € : 8   e) 472,75 € : 5

9,78 € : 6   27,84 € : 3   3,22 € : 7   89,64 € : 9   866,04 € : 6

2 Acht Nachbarinnen und Nachbarn unternehmen gemeinsam einen Ausflug
mit Konzertbesuch und Übernachtung.

a) Folgende Kosten bezahlen sie
vor dem Ausflug bei der Buchung.
Berechne die Einzelpreise.

b) Wie viel Euro bezahlt jede Person
insgesamt für die Fahrt,
die Übernachtung und die Konzertkarte?

	Preis für 8 P.	Einzelpreis
Fahrt	219,44 €	
Übernachtung	312,00 €	
Konzertkarten	158,80 €	

c) Während der Fahrt fallen folgende
weitere Kosten für die Verpflegung an.
Berechne die Einzelpreise.

d) Wie viel Euro bezahlt jede Person
für die Verpflegung insgesamt?

e) Wie hoch waren die Reisekosten insgesamt
pro Person?

	Preis für 8 P.	Einzelpreis
Abendessen	113,60 €	
Eis	12,80 €	
Kaffee	22,40 €	

3 Christoph arbeitet in einem Spielwarenladen.
Er sollte die Einzelpreise
berechnen und zeigt
seiner Chefin die Tabelle.
Sie sagt sofort:
„Da sind Fehler drin."

Finde die Fehler mit einem
Überschlag und rechne
dann richtig.

Artikel	Einzelpreis	Anzahl	Preis
Zoo	68,55 €	4	274,20 €
Eisenbahn	12,45 €	5	602,25 €
Lastwagen	16,90 €	3	50,70 €
Puzzle	2,90 €	2	41,80 €
Murmelbahn	59,50 €	6	357,00 €
		gesamt:	1 325,95 €

Vorherige Bearbeitung Themenheft Addieren und Subtrahieren bis S. 36 und Themenheft
Multiplizieren und Dividieren bis S. 37 empfohlen.

AH S. 56

11

Geld – Preisvergleich

 **1** Der Supermarkt bietet die gleichen Orangen in verschiedenen Packungsgrößen an. Was ist das günstigste Angebot? Rechnet und begründet.

2 Paul möchte zwölf Orangen kaufen. Er denkt: „Zwei 6er-Schachteln sind am günstigsten." Was meinst du? Welche Schachteln mit Orangen soll Paul kaufen und wie viel Euro muss er bezahlen?

3 Sofie braucht zehn Orangen. Welche Schachteln mit Orangen soll Sofie kaufen und wie viel Euro muss sie bezahlen?

4 Ein Baumarkt bietet die gleichen Schrauben in verschiedenen Packungsgrößen an.

a) Herr Wolf braucht 200 Schrauben. Welche Packungen soll er kaufen und wie viel Euro bezahlt er dafür?

b) Frau Nikas braucht 80 Schrauben.

5 Im Bastelgeschäft gibt es die gleichen Pinsel in verschiedenen Packungsgrößen.

a) Max braucht acht Pinsel. Welche Packung soll er kaufen und wie viel Euro bezahlt er dafür?

b) Frau Versin braucht zehn Pinsel.

c) Herr Yilmaz möchte für seine Klasse 22 Pinsel kaufen.

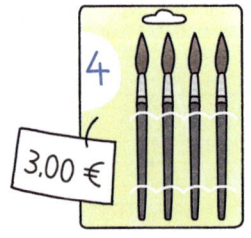  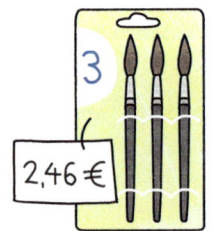 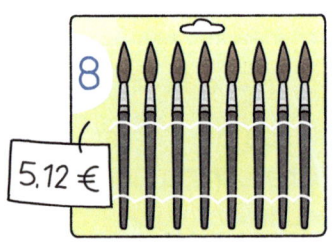

Recherche: Im Supermarkt oder im Internet über Packungsgrößen und Preise regelmäßig eingekaufter Lebensmittel informieren. Vergleich der Werte (Welche Packungen sind günstiger? …).

Geld – Rechnen in Sachsituationen

1 Pablo wünscht sich ein weiteres Meerschweinchen als Haustier.
Ein Gehege für seine Meerschweinchen hat er schon.
Gemeinsam mit seiner Mutter berechnet er die Kosten für das neue Tier.

Anschaffungskosten

Tier   29,90 €

Transportbox   34,85 €

Ausstattung   18,49 €

Monatliche Kosten

Futter 7,49 €

Heu   4,79 €

Streu 5,25 €

a) Überlegt gemeinsam: Was versteht man unter Anschaffungskosten?
Was versteht man unter monatlichen Kosten?
b) Wie hoch sind die Anschaffungskosten ungefähr? Überschlagt.
c) Wie hoch sind die Kosten in einem Monat ungefähr? Überschlagt.
d) Wie hoch sind die monatlichen Kosten in einem Jahr ungefähr?

2 a) Das Tierheim Pfötchenhilfe erhält vom Lieferanten folgende Rechnung.
Hat der Lieferant richtig gerechnet?
Finde die Fehler mit einem Überschlag und rechne dann richtig.

Artikel	Einzelpreis	Anzahl	Preis
Paket Katzenfutter	5,99 €	15	89,85 €
Großpackung Katzenleckerlis	3,70 €	5	18,50 €
Katzenstreu	11,45 €	8	883,24 €
Großpackung Hundefutter	24,30 €	6	101,50 €
Großpackung Hundeleckerlis	6,80 €	3	20,40 €
Hundehütte	80,90 €	2	161,80 €

b) Das Tierheim erhält eine Spende in Höhe von 600 €.
Reicht dieser Betrag, um die Rechnung zu bezahlen?

3 Welches Katzenfutter ist am günstigsten? Begründe.

4 Welches Haustier hättest du gern?
Informiere dich im Internet, in einer Tierhandlung, … über Anschaffungskosten
und monatliche Kosten und berechne sie.

1, 4 ▪ **Recherche/Textverarbeitung**: Über Haltungsbedingungen, Anschaffungskosten und
monatliche Kosten eines Haustiers informieren. Artikel, Anzahl und Preise in einer Tabelle
darstellen (Vorlage in der BiBox für Lehrer/-innen). Gesamtkosten für Anschaffung und
monatliche Gesamtkosten berechnen.

S2

Zeit – Wiederholung und Vertiefung

1 Minute hat 60 Sekunden.
1 min = 60 s

1 Stunde hat 60 Minuten.
1 h = 60 min

1 Tag hat 24 Stunden.
1 Tag = 24 h

Eine Viertelstunde hat 15 Minuten.
$\frac{1}{4}$ h = 15 min

Eine halbe Stunde hat 30 Minuten.
$\frac{1}{2}$ h = 30 min

Eine Dreiviertelstunde hat 45 Minuten.
$\frac{3}{4}$ h = 45 min

1 Wie viele Minuten sind es? Wandle um.

a) 10 h   b) 4 h   c) $1\frac{1}{4}$ h   d) $1\frac{3}{4}$ h   e) $3\frac{1}{2}$ h

| 1 a) | 1 0 h = 6 0 0 min |

2 Wie viele Sekunden sind es? Wandle um.

a) 3 min   b) $\frac{1}{2}$ min   c) $2\frac{1}{2}$ min   d) 5 min 20 s   e) 7 min 12 s   f) 4 min 31 s

3 Wie viele Minuten und Sekunden sind es? Wandle um.

a) 70 s   b) 120 s   c) 100 s   d) 144 s   e) 197 s   f) 369 s

4 Wie spät ist es in einer Dreiviertelstunde?

| 4 a) | 3. 1 0 Uhr ──45 min──> _____ Uhr |

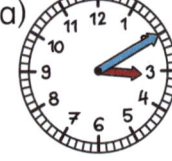 a)   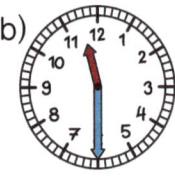 b)   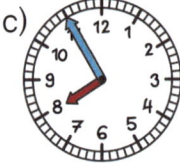 c)   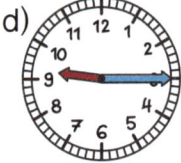 d)   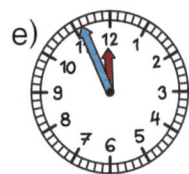 e)

5 Wie spät war es vor einer halben Stunde?

a) 12:34   b) 4:56   c) 20:20   d) 17:09

| 5 a) | _____ Uhr ──30 min──> 1 2. 3 4 Uhr |

6 Wie viel Zeit ist vergangen?

a) 9:52 → 12:25

b) 8:13 → 11:18

c) 14:32 → 17:04

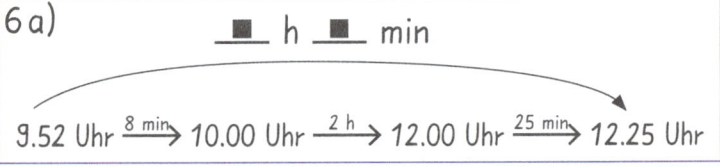

6 a)   ▦ h ▦ min

9.52 Uhr ──8 min──> 10.00 Uhr ──2 h──> 12.00 Uhr ──25 min──> 12.25 Uhr

👉 Vorherige Bearbeitung Themenheft Addieren und Subtrahieren bis S. 10 und Themenheft Multiplizieren und Dividieren bis S. 8 empfohlen.

Sima und Okan planen mit ihren Eltern einen Ausflug.
Sie wollen mit dem Zug von Koblenz nach Mainz und am gleichen Tag zurückfahren.
Die Kinder haben sich Fahrpläne aus dem Internet ausgedruckt.

Fahrplan Koblenz Hbf. ⟶ Mainz Hbf.	
Abfahrt	Ankunft
08:03	09:33
08:30	09:55
08:48	09:39
09:04	10:08
09:18	10:15

Fahrplan Mainz Hbf. ⟶ Koblenz Hbf.	
Abfahrt	Ankunft
17:44	18:42
17:51	18:56
18:58	19:59
19:20	20:11
19:51	20:54

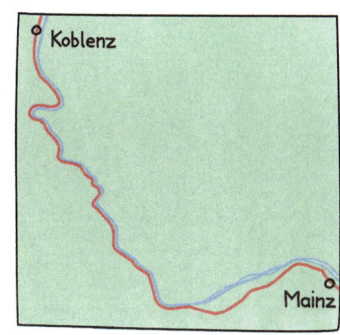

1 Vergleiche die Fahrzeiten. Mit welcher Zugverbindung braucht die Familie weniger Zeit?

a) Mit dem Zug von Koblenz nach Mainz um 8.03 Uhr oder mit dem um 8.30 Uhr?

b) Mit dem Zug von Mainz nach Koblenz um 17.44 Uhr oder mit dem um 17.51 Uhr?

2 Die Familie fährt am Samstagmorgen um 9.04 Uhr von Koblenz los.
Die Eltern möchten abends um 20.30 Uhr wieder in Koblenz sein.

a) Mit welchem Zug müssen sie spätestens zurückfahren?

b) Wie viel Zeit können sie in Mainz verbringen?

c) Wie viel Zeit haben sie in Mainz, wenn sie bei der Hinfahrt einen Zug später fahren?

3 Familie Yang aus Koblenz plant auch einen Ausflug nach Mainz.
Auf der Hinfahrt sind sie mit dem Zug 51 min unterwegs.
Für die Rückfahrt brauchen sie 1 h 3 min.

a) Wann kommen sie morgens in Mainz an?

b) Wann kommt der Zug abends in Koblenz an?

c) Wie viel Zeit können sie in Mainz verbringen?

4 Schreibe eine eigene Rechengeschichte zu den Fahrplänen.
Dein Partnerkind löst sie.

5 Übertrage die Tabelle in dein Heft und fülle sie aus.

Abfahrt	7.45 Uhr	▬	8.55 Uhr	9.10 Uhr	9.45 Uhr	▬
Fahrzeit	55 min	28 min	▬	1 h 36 min	▬	53 min
Ankunft	▬	9.20 Uhr	10.45 Uhr	▬	10.29 Uhr	11.47 Uhr

4 Kopiervorlage für die Notation von Rechengeschichten in der Handreichung/BiBox für Lehrer/-innen. 🖥 **Textverarbeitung:** Eigene Rechengeschichte zum Fahrplan schreiben, ggf. ausdrucken, speichern und lösen (Vorlage in der BiBox für Lehrer/-innen).

AH S. 58

15

Zeit – Rechnen in Sachsituationen

1   a) An welchem Tag beginnt die Ferienfreizeit? An welchem Tag endet sie?
      b) Um wie viel Uhr fährt der Bus am Treffpunkt los? Um wie viel Uhr kommt er am Ziel an?

2   Am dritten Tag der Ferienfreizeit wird ein „Dauerlauf um den Waldsee" veranstaltet.
Eslems Lauf hat 4 Minuten und 37 Sekunden gedauert, Angelinas Zeit wurde mit
272 Sekunden angegeben. Wer war schneller?

3   Am fünften Tag ist eine Nachtwanderung zu einer Burgruine geplant.

   a) Wie viel Zeit plant das Betreuungsteam für den Weg zur Burgruine ein?
   b) Um 2 Uhr sind alle wieder zurück. Wie lange hat die Nachtwanderung gedauert?
   c) An wie vielen Abenden wird Theater gespielt?
   d) Wie viele Jahre und Monate dauerten die Renovierungsarbeiten?

4   Am letzten Tag der Ferienfreizeit hat Farid Geburtstag. Er wird zehn Jahre alt.

   a) Wie alt ist Farids
      Betreuerin?

   b) Wann hat Hannah
      Geburtstag?

Zeit – Zeitleiste

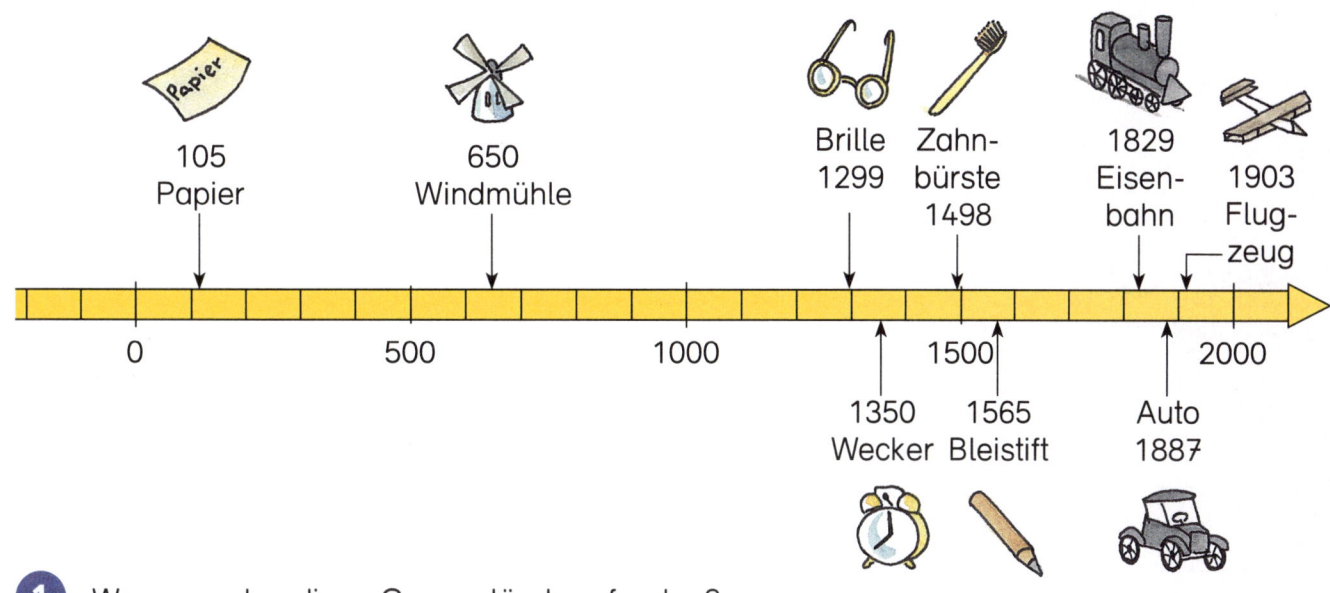

105 Papier **650** Windmühle **Brille 1299** **Zahnbürste 1498** **1829 Eisenbahn** **1903 Flugzeug**

0   500   1000   1500   2000

1350 Wecker **1565 Bleistift** **Auto 1887**

1 Wann wurden diese Gegenstände erfunden?
Wie viele Jahre sind seitdem vergangen?

a) der Wecker b) die Zahnbürste c) die Eisenbahn d) der Bleistift
e) die Brille f) das Auto g) das Flugzeug h) die Windmühle

2 Welches Jahr ist es?

a) 300 Jahre sind seit der Erfindung des Bleistifts vergangen.

b) 100 Jahre früher wurde das Auto erfunden.

c) 150 Jahre später wird die Brille erfunden.

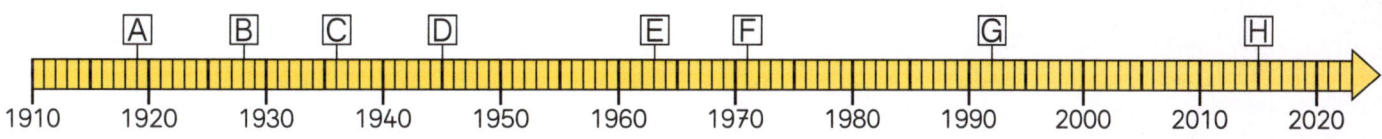

A   B   C   D   E   F   G   H

1910 1920 1930 1940 1950 1960 1970 1980 1990 2000 2010 2020

3 In welchem Jahr war es?
A Die erste elektronische Verkehrsampel wird in den USA aufgestellt.
B Einem schottischen Erfinder gelingt es, bunte Fernsehbilder zu übertragen.
C Der erste Hubschrauber fliegt in Deutschland.
D „Pippi Langstrumpf" erscheint als Buch.
E In Japan werden die ersten Filzstifte hergestellt.
F Die erste E-Mail wurde verschickt.
G In Deutschland wird zum ersten Mal mit einem Handy telefoniert.
H Eine Magnetschwebebahn fährt zum ersten Mal schneller als 600 Kilometer in einer Stunde.

4 Fertige eine eigene Zeitleiste an.
Trage Ereignisse ein, die für dich besonders wichtig waren, zum Beispiel deine Geburt, deine Einschulung, …

S3

Recherche: Interessengeleitet zu Erfindungen recherchieren. Daten der Erfindung und weiterführende Informationen notieren.

Längen – Wiederholung und Vertiefung

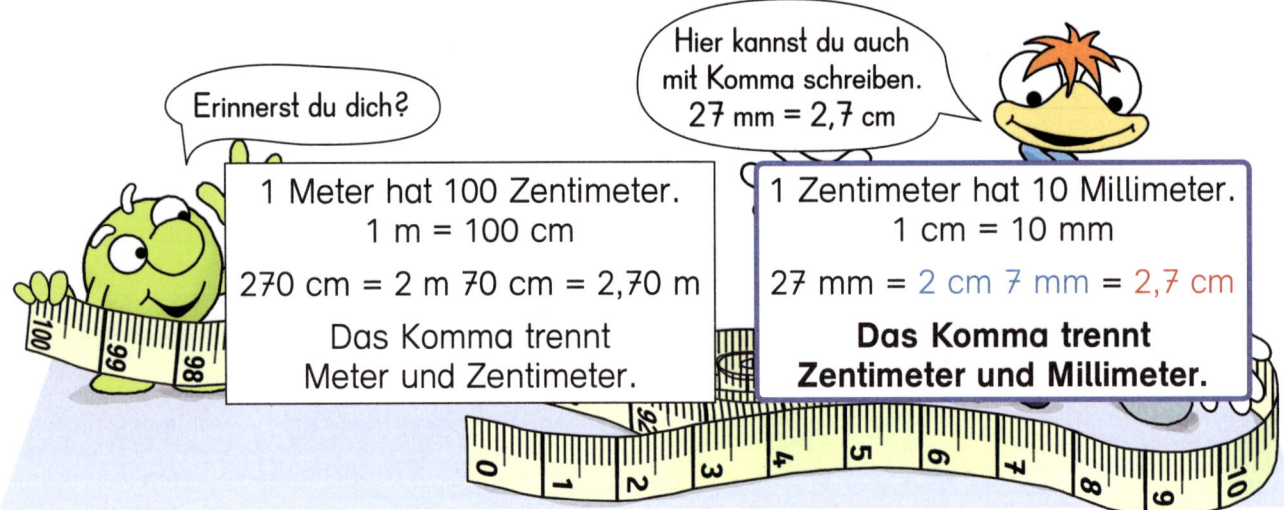

Erinnerst du dich?

1 Meter hat 100 Zentimeter.
1 m = 100 cm

270 cm = 2 m 70 cm = 2,70 m

Das Komma trennt
Meter und Zentimeter.

Hier kannst du auch mit Komma schreiben.
27 mm = 2,7 cm

1 Zentimeter hat 10 Millimeter.
1 cm = 10 mm

27 mm = 2 cm 7 mm = 2,7 cm

Das Komma trennt Zentimeter und Millimeter.

---

1 Welche Einheit passt? Meter, Zentimeter oder Millimeter? Setze ein: m, cm oder mm.

a) 40 ▦

b) 4 ▦

c) 4 ▦

d) 4 ▦

---

2 Findet weitere Tiere, deren Länge ihr in Meter, Zentimeter oder Millimeter angeben könnt.
Gestaltet ein Plakat und präsentiert eure Ergebnisse.

---

3 Übertrage die Tabelle in dein Heft und fülle sie aus.

237 cm	565 cm	▬	▬	▬	1 270 cm	▬
2 m 37 cm	▬	3 m 47 cm	▬	1 m 5 cm	▬	▬
2,37 m	▬	▬	4,78 m	▬	▬	10,09 m

4
a) 2,54 m + 6,60 m
8,07 m + 9,08 m

b) 5,68 m + 3,81 m
0,85 m + 7,68 m

c) 9,25 m − 0,75 m
6,03 m − 4,28 m

d) 7,48 m − 5,09 m
8,73 m − 6,84 m

---

5 Wandle um.

a) 45 mm = ▦ cm
123 mm = ▦ cm
5 mm = ▦ cm

b) 2,8 cm = ▦ mm
0,4 cm = ▦ mm
10,3 cm = ▦ mm

c) 70 cm = ▦ dm
30 cm = ▦ dm
510 cm = ▦ dm

1 Dezimeter hat 10 Zentimeter.
1 dm = 10 cm

---

6 Immer drei Karten gehören zusammen. Ordne zu.

5 dm	0,50 m	5,5 cm	5 $\frac{1}{2}$ cm	50 cm

55 dm	550 cm	5 $\frac{1}{2}$ m	55 mm

---

2 📷 **Fotografie:** Repräsentanten fotografieren, präsentieren, ggf. ausdrucken und ein Merkplakat erstellen oder für eine digitale Pinnwand nutzen: Was ist ungefähr 1 m, 1 cm, 1 mm lang?
☞ Vorherige Bearbeitung Themenheft Addieren und Subtrahieren bis S. 24 und Themenheft Multiplizieren und Dividieren bis S. 17 empfohlen.

Längen – Kilometer und Meter

1 Kilometer hat 1 000 Meter.
1 km = 1 000 m

2 750 m = 2 km 750 m = 2,750 km

Das Komma trennt Kilometer und Meter.

Zwei Kilometer und siebenhundertfünfzig Meter

Zwei Komma sieben fünf null Kilometer

1 a) Wie lang sind die Schulwege der Kinder?
Schreibe die Längen in eine Tabelle und daneben als Kommazahl.

1 a)		1 km	100 m	10 m	1 m					
	Liv	2	3	4	1	2,	3	4	1	km

2 341 m — Liv   491 m — Emil   1 km 26 m — Florent   1 400 m — Meryem   3 km 165 m — Karl   1 km 80 m — Lilli

b) Vervollständige die Sätze.
A: ▄ hat den längsten Schulweg.
B: Meryems Schulweg ist ▄ als Lillis Schulweg.
C: Emils Schulweg ist ▄ als Florents Schulweg.

2 Wandle um.

a) 1 546 m = ▄ km
4 863 m = ▄ km
7 100 m = ▄ km
2 060 m = ▄ km

b) 2 625 m = ▄ km
625 m = ▄ km
25 m = ▄ km
5 m = ▄ km

c) ▄ m = 2 km
▄ m = 7 km
▄ m = 10 km
▄ m = 23 km

d) ▄ m = 6,941 km
▄ m = 0,941 km
▄ m = 0,041 km
▄ m = 0,001 km

3 Immer zwei Karten gehören zusammen. Ordne zu.

8 125 m	812 m	8 050 m	8,025 km

0,812 km	8 km 25 m	8,125 km	8 km 50 m

4 Übertrage die Tabelle in dein Heft und fülle sie aus.

2 134 m	4 365 m	▄	▄	250 m	▄
2 km 134 m	▄	7 km 980 m	▄	▄	▄
2,134 km	▄	▄	3,150 km	▄	6,600 km

Längen – Kilometer und Meter

$\frac{3}{4}$ km bedeutet drei Viertel von 1 km, das Dreifache von $\frac{1}{4}$ km.

$\frac{1}{4}$ km = 250 m = 0,250 km

$\frac{1}{2}$ km = 500 m = 0,500 km

$\frac{3}{4}$ km = 750 m = 0,750 km

Bei Kilometerangaben wird oft verkürzt geschrieben, zum Beispiel 0,5 km statt 0,500 km.

1 Wie viel Meter sind es? Wandle um.

a) $1\frac{1}{2}$ km b) $2\frac{1}{4}$ km c) $5\frac{3}{4}$ km d) $9\frac{1}{4}$ km e) $12\frac{1}{2}$ km

2 Kleiner, größer oder gleich? Setze ein: <, > oder =

a) $2\frac{1}{2}$ km ⬛ 2 250 m b) $4\frac{3}{4}$ km ⬛ 4 750 m c) $1\frac{1}{2}$ km ⬛ $1\frac{3}{4}$ km

$1\frac{1}{4}$ km ⬛ 1 250 m $10\frac{1}{2}$ km ⬛ 10 050 m $\frac{3}{4}$ km ⬛ 500 m

$5\frac{3}{4}$ km ⬛ 5 755 m $15\frac{1}{4}$ km ⬛ 15 750 m $3\frac{1}{4}$ km ⬛ $3\frac{1}{2}$ km

3

1,1   km = 1100 m
1,01 km = 1010 m
1,001 km = 1001 m

Wie viel Meter sind es? Wandle um.

a) 3,6 km = ⬛ m b) 2,55 km = ⬛ m c) 0,25 km = ⬛ m

1,7 km = ⬛ m 3,67 km = ⬛ m 0,75 km = ⬛ m

5,2 km = ⬛ m 1,05 km = ⬛ m 1,75 km = ⬛ m

4 Schreibe als Kommazahl.

a) 5 km 681 m b) 3 km 400 m c) 2 km 55 m d) 1 km 9 m

7 km 512 m 8 km 300 m 1 km 17 m 4 km 3 m

5 Ordne.
Beginne mit der größten Länge.

a) 800 m | 0,80 m | 8 m | 800 km | 8 km | 0,08 km

b) 25 m | 25 km | 0,25 km | $\frac{3}{4}$ km | 2 500 m | 2,50 m

6 Welche größte und welche kleinste Länge könnt ihr aus den Karten legen? Begründet.

a) 2 7 3 , km   b) 1 6 4 5 , km

Längen – Weg und Zeit

1 a) Was hätte Mia nach 3 Stunden Wandern wohl gesagt?

b) Wie viele Minuten plant Mia für einen Kilometer Wanderstrecke ein?

2 Familie Lammertz und Familie Detering sind mit den Fahrrädern
auf dem Elbradwanderweg zwischen Lauenburg und Hitzacker unterwegs.

a) Line will die 60 km von Lauenburg nach Hitzacker mit dem Fahrrad
in 4 Stunden schaffen.
Wie viel Kilometer muss sie dann in einer Stunde zurücklegen?

b) Wie viele Minuten braucht Line dann für einen Kilometer?

c) Herr Lammertz erzählt, er sei die 60 km von Lauenburg nach Hitzacker
schon mal auf Inlineskates in 5 Stunden gefahren.
Wie viel Kilometer hat er dabei in einer Stunde zurückgelegt?

d) Wie viele Minuten hat er für einen Kilometer gebraucht?

3

> ### FERMI-AUFGABE
>
> Wie viel Zeit braucht man ungefähr,
> wenn man Deutschland von Norden nach Süden
> zu Fuß durchqueren möchte?

4 Wenn im Auto der Tachometer „60" anzeigt,
dann legt das Auto in einer Stunde 60 Kilometer zurück.
Es fährt mit der Geschwindigkeit von 60 km pro Stunde.

„Kilometer pro Stunde" kurz km/h.

a) Wie weit fährt das Auto bei dieser Geschwindigkeit in $2\frac{1}{2}$ Stunden?

b) Wie viele Minuten braucht es für einen Kilometer?

c) Wie weit fährt ein doppelt so schnelles Auto in $2\frac{1}{2}$ Stunden?
Wie lange braucht das Auto dann für einen Kilometer?

5 Wie viel Meter legt ein Auto in einer Sekunde zurück, wenn es
mit einer Geschwindigkeit von 72 km pro Stunde fährt?

3 Fermi-Aufgaben sind offene Fragestellungen, bei denen es um die Herangehensweise an
das Problem, das Treffen von Annahmen und das Finden einer Näherungslösung geht.

21

Längen – Rechnen in Sachsituationen

1 Familie Nowak zieht in eine neue, größere Wohnung.

a) Mit dem Auto fährt man zur neuen Wohnung 6,8 km. Der Fahrradweg ist 4,3 km lang.
Wie viel Kilometer ist die Autostrecke länger als die Fahrradstrecke?

b) Manche Gegenstände wollen die Nowaks selbst im Auto in die neue Wohnung bringen.
Sechs Fahrten hin und sechs Fahrten zurück sind notwendig.
Wie viel Kilometer sind das?

2 Bisher sind Helena und Moritz von zu Hause bis zur Schule
3,4 km mit dem Fahrrad gefahren.
Der Weg von der neuen Wohnung zur Schule ist 800 m kürzer.

a) Wie lang ist der neue Schulweg?

b) Wie viel Kilometer sind es zwischen neuer Wohnung und Schule,
hin und zurück, an fünf Schultagen in der Woche?

> Wandle erst in eine Einheit um und rechne dann.

3 Frau Nowak fährt täglich zur Arbeit und wieder zurück.
Von der neuen Wohnung aus sind das an fünf Tagen insgesamt 170 km.

a) Wie viel Kilometer sind das täglich?

b) Wie viel Kilometer sind es zwischen Arbeitsstelle und Wohnung?

4 Der Kleiderschrank im Elternschlafzimmer ist 1,85 m hoch, das Zimmer ist 2,49 m hoch.
Wie viel Platz bleibt zwischen Schrank und Decke?

5 In der alten Wohnung war die Arbeitsplatte in der Küche 91,5 cm hoch.
Familie Nowak hätte die Arbeitsplatte in der neuen Wohnung lieber 25 mm niedriger.
Wie viel Zentimeter ist die neue Arbeitsplatte hoch?

Gewicht – Wiederholung und Vertiefung

> 1 Kilogramm hat 1000 Gramm.
> 1 kg = 1000 g

 H

 L

 S

| 5000 kg |
| 2000 kg |
| 500 kg |

 O

 C

 D

| 250 kg |
| 25 kg |
| 5 kg |

 I

 F

 G

| 1 kg |
| 100 g |
| 20 g |

1 Ordne jedem Tier die Karte mit dem richtigen Gewicht zu.
Notiere die Tiernamen und Gewichte in einer Liste.
Beginne mit dem leichtesten Tier, dann ergeben die Buchstaben ein Lösungswort.

2 Vergleiche die Gewichte der Tiere und schreibe die Sätze vollständig in dein Heft.

a) Ein Maulwurf wiegt so viel wie … Mäuse.
b) Eine Kuh wiegt so viel wie … Löwen oder so viel wie … Schäferhunde.

3 Überlege dir eigene Vergleiche wie in Aufgabe 2 und schreibe sie in dein Heft.

4 Hat Flo recht? Begründet.

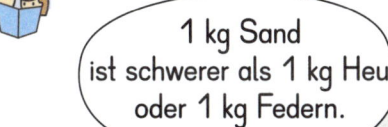

1 kg Sand ist schwerer als 1 kg Heu oder 1 kg Federn.

 Federn

 Sand

 Heu

Vorherige Bearbeitung Themenheft Addieren und Subtrahieren bis S. 36 und
Themenheft Multiplizieren und Dividieren bis S. 31 empfohlen.

23

Gewicht – Kilogramm und Gramm

1 Immer zwei Karten gehören zusammen.
Ordne jeder Person die richtigen Gewichtskarten zu.

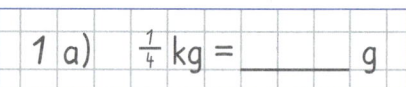

1 a) $\frac{1}{4}$ kg = _____ g

ein viertel Kilogramm Fleischwurst

ein halbes Kilogramm Gehacktes

drei viertel Kilogramm Gulasch

ein Kilogramm Kassler

$\frac{1}{4}$ kg	500 g
$\frac{1}{2}$ kg	250 g
$\frac{3}{4}$ kg	1 000 g
1 kg	750 g

a) Herr Mai   b) Frau Gül   c) Herr Fink   d) Frau Diaz

2 Wie viel Gramm sind es? Wandle um.

a) 3 kg   b) 1 kg 250 g   c) 2 kg 800 g   d) 3 kg 585 g   e) $1\frac{1}{4}$ kg

3 Wie viel Kilogramm und Gramm sind es? Wandle um.

a) 4 268 g   b) 1 700 g   c) 3 055 g   d) $2\frac{1}{2}$ kg
  5 850 g   6 300 g   2 008 g $5\frac{1}{4}$ kg

3 a)   4 2 6 8 g = 4 kg 2 6 8 g

4 Wie viel wiegt ein Blumenkohl, eine Paprika, eine Gurke oder eine Tomate?

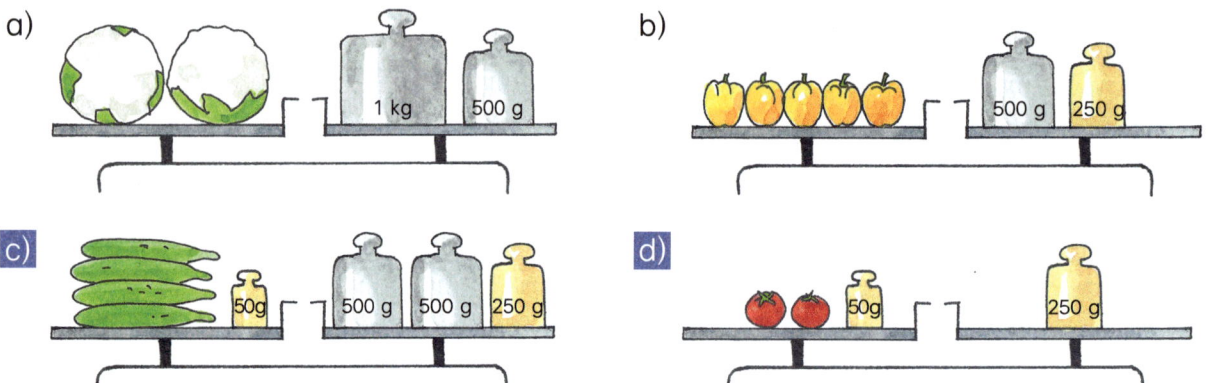

a)   1 kg   500 g

b)   500 g   250 g

c)   50g   500 g   500 g   250 g

d)   50g   250 g

5 Wie viel wiegt ein Kürbis, eine Kartoffel, eine Paprika oder eine Tomate?

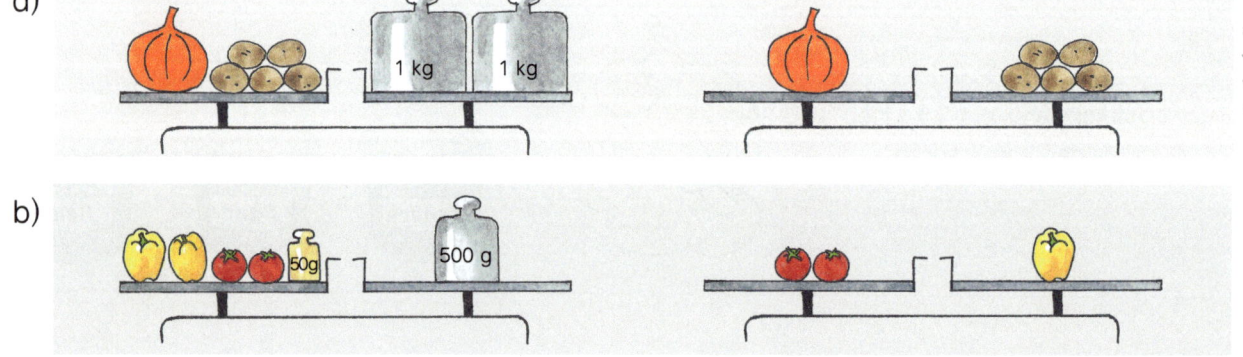

a)   1 kg   1 kg

b)   50g   500 g

17 A-C

Gewicht – Kilogramm und Gramm

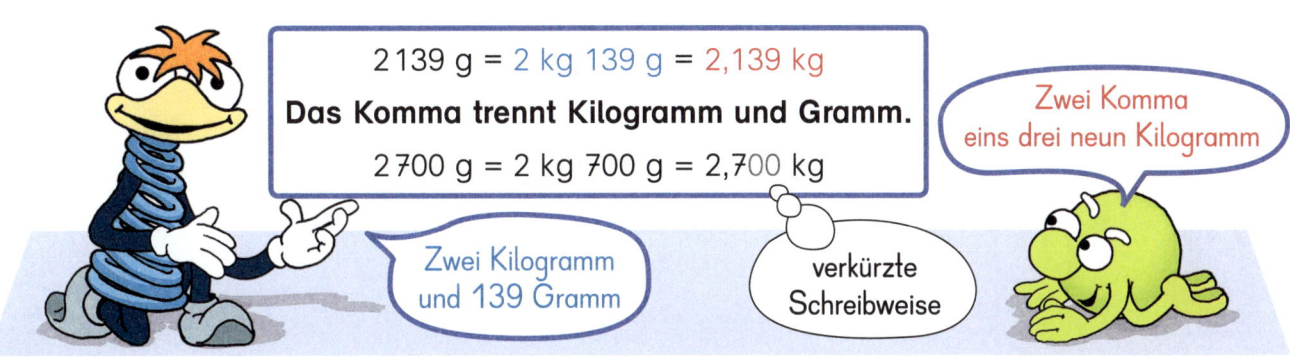

2 139 g = 2 kg 139 g = 2,139 kg

Das Komma trennt Kilogramm und Gramm.

2 700 g = 2 kg 700 g = 2,700 kg

Zwei Kilogramm und 139 Gramm

verkürzte Schreibweise

Zwei Komma eins drei neun Kilogramm

1 a) Wie schwer sind die Schultaschen?
Schreibe die Gewichte in eine Tabelle und daneben als Kommazahl.

1 a)	1 kg	100 g	10 g	1 g	
Luna	3	7	6	5	3, 7 6 5 kg

Luna 3 765 g
Kaan 3 894 g
Mia 4,103 kg
Finn 4 kg 29 g
Alma 3 kg 493 g

b) Vervollständige die Sätze.
A: Mias Schultasche ist 🔲 als Finns Schultasche.
B: Kaans Schultasche ist leichter als die Schultaschen von 🔲 und 🔲.
C: Almas Schultasche ist 🔲.

2 Wie viel Kilogramm sind es? Wandle um.

a) 4 762 g   b) 2 067 g   c) 6 400 g   d) 420 g   e) 10 800 g
   8 455 g   948 g   68 g   300 g   10 g

3 Wie viel Gramm sind es? Wandle um.

a) 3,256 kg   b) 5,985 kg   c) 0,085 kg   d) 1,02 kg   e) 7,4 kg
   4,867 kg   0,653 kg   0,005 kg   8,25 kg   10,5 kg

4 Wie viel wiegen die Einkäufe? Schreibe das Ergebnis in Kilogramm auf.

a)    b)    c)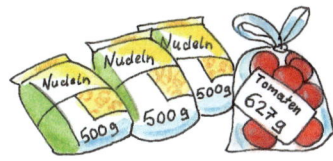

5 a)    b)    c)

AH S. 61

▶ Erklärvideo: Gewicht – Kilogramm und Gramm – Kommaschreibweise

Gewicht – Tonne und Kilogramm

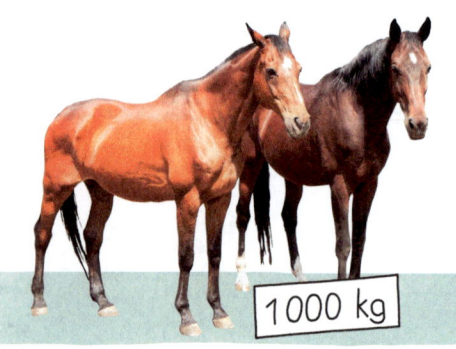

1 Tonne hat 1000 Kilogramm.

1 t = 1000 kg

1000 kg

1 a) Zwei Pferde wiegen zusammen eine Tonne. Wie viele Kinder sind genauso schwer?
b) Wie viele Schultaschen wiegen zusammen eine Tonne?

2 Eine Kiste Wasser (12 Literflaschen) wiegt ungefähr 15 kg.
Wie viele Kisten wiegen zusammen ungefähr eine Tonne?

3 Wie viel Kilogramm sind es? Wandle um.

a) 4 t   b) 1 t 460 kg   c) 3 t 900 kg   d) 2 t 386 kg   e) 1 $\frac{1}{2}$ t

4 Wie viele Tonnen und Kilogramm sind es? Wandle um.

a) 2387 kg   b) 3800 kg   c) 3690 kg   d) 2 $\frac{1}{2}$ t
   1215 kg   5088 kg   5005 kg   1 $\frac{1}{4}$ t

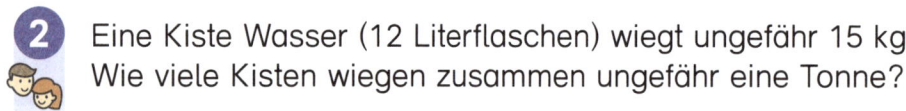

4 a)   2 3 8 7 kg = 2 t 3 8 7 kg

8265 kg = 8 t 265 kg = 8,265 t

Das Komma trennt Tonne und Kilogramm.

3600 kg = 3 t 600 kg = 3,600 t

Acht Tonnen und 265 Kilogramm

verkürzte Schreibweise

Acht Komma zwei sechs fünf Tonnen

5 Übertrage die Tabelle in dein Heft und fülle sie aus.

8765 kg	▬	▬	▬	3058 kg	▬
8 t 765 kg	▬	20 t 800 kg	▬	▬	▬
8,765 t	0,076 t	▬	7,45 t	▬	0,95 t

6 Wie viele Tonnen haben die Lkws geladen? Schreibe als Kommazahl.

a)
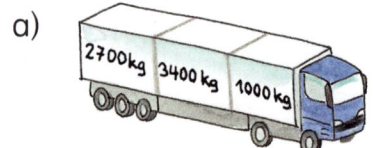

b)
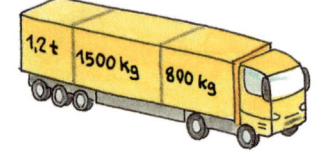

c)
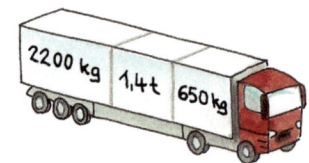

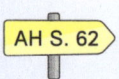 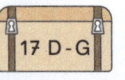

Recherche: Gewichte von Gegenständen ermitteln, dann zusammenstellen, welche Gegenstände zusammen ungefähr eine Tonne wiegen.

Gewicht – Rechnen in Sachsituationen

1 Wie viel wiegen die Einkäufe aus dem Hofladen? Schreibe das Ergebnis in Kilogramm auf.

a)

792 g
450 g
Mehl 1 kg
Mehl 1 kg

b)

Kartoffeln 1,283 kg
500 g
321 g

> 500 g nennt man auch ein Pfund.

2 Eine Kiste mit sechs Flaschen Apfelsaft wiegt 10,250 kg. Die leere Kiste wiegt 1,040 kg.

a) Wie viel Kilogramm wiegen nur die sechs Flaschen ohne die Kiste?
b) Wie schwer ist eine einzelne Flasche Saft?
c) Jana holt drei Flaschen Saft aus dem Keller. Wie viel Kilogramm trägt sie?

3 a) Im Baumarkt kauft Herr Grün 12 Rasengittersteine.
   Wie viel Kilogramm wiegen sie zusammen?
b) Zusätzlich kauft Herr Grün 14 Bodenplatten.
   Wie viel Kilogramm wiegen diese zusammen?
c) Herr Grün darf in sein Auto höchstens 663 kg laden.
   Herr Grün selbst wiegt 85 kg.
   Darf er seinen Einkauf im Auto nach Hause fahren?

Rasengitter-stein
Gewicht:
27 kg

Bodenplatte
Gewicht:
18 kg

4 Setze passend ein: | 1,7 | 4 | g | kg | t |

Jannis ist zehn Jahre alt und wiegt 31 ▪. Minka ist seine Katze. Sie wiegt ▪ kg.
Jannis Schwester Jana hat zwei Meerschweinchen. Das Weibchen wiegt 800 ▪.
Zusammen wiegen die Meerschweinchen ▪ kg. Jannis sagt: „Das ist aber leicht.
Zwei Kühe wiegen zusammen ungefähr 1 ▪."

5 Dieses Jahr hat Frau Grün 278,70 dt Mais geerntet.
Herr Blum sagt: „Ich habe mehr Mais geerntet.
Es sind 28 770 kg."

Hat Herr Blum recht?

> 1 Dezitonne (dt) hat 100 kg.

💬 Rauminhalt – Liter und Milliliter

Genau 1 Liter.

In den Deckel passen ungefähr 3 Milliliter.

1 Liter hat 1000 Milliliter.	1 Dreiviertelliter hat 750 Milliliter.	1 halber Liter hat 500 Milliliter.	1 Viertelliter hat 250 Milliliter.	1 Achtelliter hat 125 Milliliter.

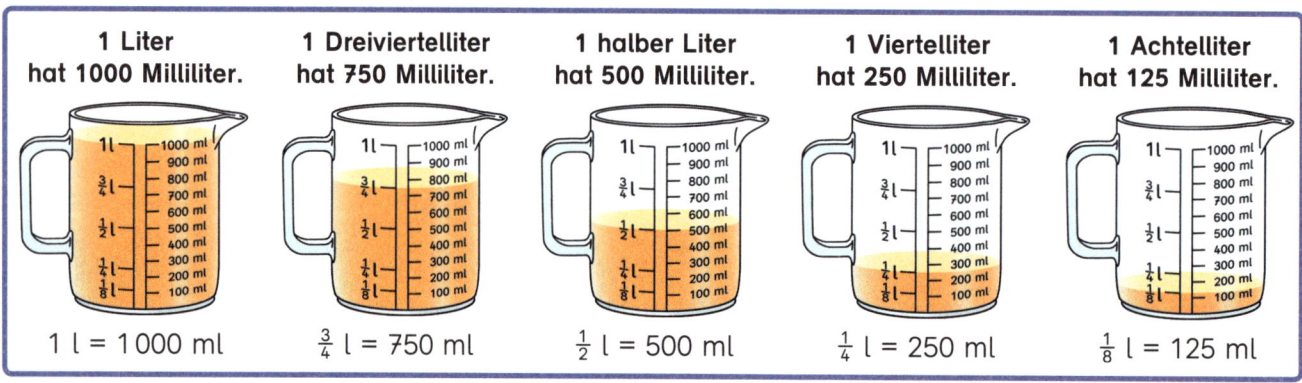

$1\ l = 1000\ ml$ $\frac{3}{4}\ l = 750\ ml$ $\frac{1}{2}\ l = 500\ ml$ $\frac{1}{4}\ l = 250\ ml$ $\frac{1}{8}\ l = 125\ ml$

1 Wie viel Liter oder Milliliter sind es? Ordnet zu.

A   B   C   D   E

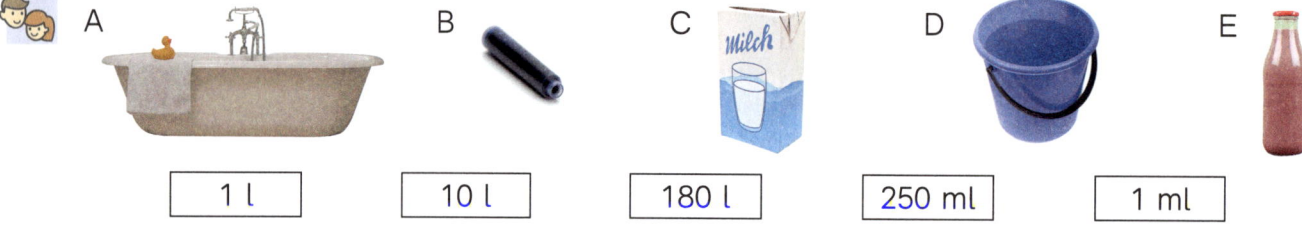

1 l	10 l	180 l	250 ml	1 ml

2 Schätzt erst und überprüft dann mit einem Messbecher: Wie viel Liter oder Milliliter passen in eure Teekanne, euer Trinkglas, euren Becher, eure Gießkanne, … ?

3 In einen Becher passt $\frac{1}{4}$ l. Wie viele Becher können mit den Säften gefüllt werden?

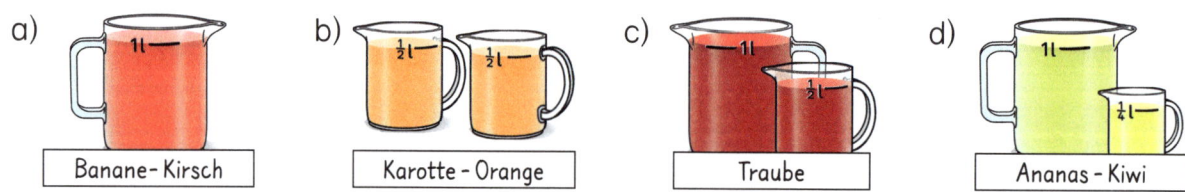

a) Banane-Kirsch   b) Karotte-Orange   c) Traube   d) Ananas-Kiwi

4 Wie viel Milliliter sind es? Wandle um.

a) 2 l   b) 1 l 150 ml   c) 3 l 400 ml   d) 1 l 655 ml   e) $1\frac{1}{4}$ l

5 Wie viel Liter und Milliliter sind es? Wandle um.

a) 2325 ml   b) 1500 ml   c) 2005 ml   d) $1\frac{1}{2}$ l | 5 a) | 2 | 3 | 2 | 5 | ml | = | 2 | l | 3 | 2 | 5 | ml |
1750 ml   3250 ml   4075 ml $2\frac{1}{2}$ l

📷 **Fotografie**: Repräsentanten fotografieren, präsentieren, ggf. ausdrucken und ein Merkplakat erstellen oder für eine digitale Pinnwand nutzen: Was entspricht ca. 1 ml, 10 ml, 500 ml, 1 l?
👉 Vorherige Bearbeitung Themenheft Addieren und Subtrahieren bis S. 36 und Themenheft Multiplizieren und Dividieren bis S. 31 empfohlen.

Rauminhalt – Liter und Milliliter

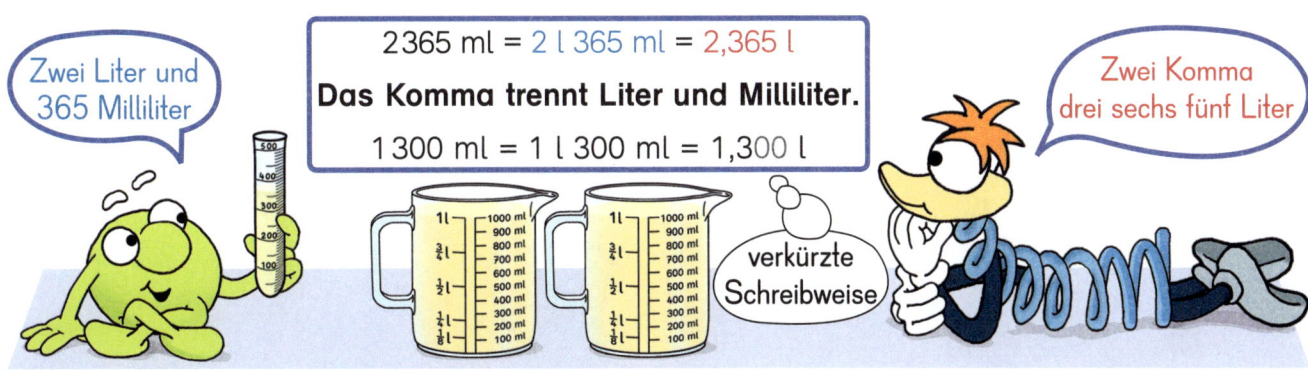

2365 ml = 2 l 365 ml = 2,365 l

Das Komma trennt Liter und Milliliter.

1300 ml = 1 l 300 ml = 1,300 l

Zwei Liter und 365 Milliliter

verkürzte Schreibweise

Zwei Komma drei sechs fünf Liter

1 Wie viel Liter sind es? Wandle um.

a) 1465 ml   b) 1750 ml   c) 1500 ml   d) 400 ml   e) 50 ml
3535 ml   1250 ml   1300 ml   700 ml   10 ml

2 Wie viel Milliliter sind es? Wandle um.

a) 2,475 l   b) 2,125 l   c) 2,25 l   d) 2,5 l   e) 0,3 l
1,485 l   3,745 l   7,75 l   3,3 l   0,7 l

3 Übertrage die Tabelle in dein Heft und fülle sie aus.

2358 ml	1643 ml	▬	▬	2058 ml	▬	▬
2 l 358 ml	▬	▬	11 l 400 ml	▬	▬	▬
2,358 l	▬	0,780 l	▬	▬	10,4 l	4,005 l

4 Ergänze zum nächsten vollen Liter.

a) 2,650 l   b) 0,455 l   c) 2 $\frac{1}{2}$ l   d) 3,8 l

4 a)   2,6 5 0 l + _____ = 3 l

5 Linus trinkt an jedem Morgen in der Schule 250 ml Milch.

a) Wie viel Liter Milch sind das in einer Woche mit fünf Schultagen?
b) Wie viel Liter Milch trinkt Linus in einem Jahr mit 200 Schultagen?

6 In der Klasse 4b sind 21 Kinder. In der Frühstückspause trinkt jedes Kind täglich ungefähr 250 ml Wasser.

a) Wie viel Liter Wasser sind das in einer Woche mit fünf Schultagen?
b) Wie viel Liter Wasser sind das in einem Monat (20 Schultage)?
c) Wie viel Liter Wasser sind das in einem Jahr mit 200 Schultagen?

7

FERMI-AUFGABE

Wie viel Liter trinkst du in einem Jahr?

7 Fermi-Aufgaben sind offene Fragestellungen, bei denen es um die Herangehensweise an das Problem, das Treffen von Annahmen und das Finden einer Näherungslösung geht.

AH S. 63

29

Beim Schulfest verkaufen die Kinder verschiedene Getränke.
Sie möchten die Getränke „Kinderpunsch", „Sommerkirsch" und „Karibikzauber" anbieten.

1

Rezept: Kinderpunsch

zu gleichen Teilen:
Früchtetee
Apfelsaft
roter Traubensaft

heiß oder kalt servieren

Marlene plant den Verkauf von neun Litern „Kinderpunsch".

a) Wie viel Liter Früchtetee, Apfelsaft und Traubensaft braucht sie?
b) Ein Glas soll einen Viertelliter enthalten.
   Für wie viele Gläser reichen die neun Liter Kinderpunsch?
c) Marlene bekommt im Geschäft nur 0,2-l-Becher.
   Für wie viele dieser Becher reicht der Punsch?

2

Rezept: Sommerkirsch
für 1 Glas:

80 ml Kirschsaft
40 ml Orangensaft
20 ml Himbeersirup

Zutaten im Shaker schütteln und in ein Glas geben

Daria bereitet das Getränk „Sommerkirsch" vor.

a) Ist ein 0,2-l-Becher groß genug für einen „Sommerkirsch"?
b) Wie viel Liter Kirschsaft, Orangensaft und Himbeersirup benötigt Daria für 20 Gläser?
c) Kirschsaft und Orangensaft gibt es in Literflaschen.
   Himbeersirup gibt es in Flaschen mit 250 ml.
   Wie viele Flaschen von jedem Saft und wie viele Flaschen Sirup muss sie für 20 Gläser „Sommerkirsch" kaufen?

3

Rezept: Karibikzauber

für 6 Gläser:

0,4 l Ananassaft
0,4 l Orangensaft
0,1 l Zitronensaft

in einem Krug mischen

Jamal plant den Verkauf von 30 Gläsern „Karibikzauber".

a) Wie viel Milliliter enthält ein Glas „Karibikzauber"?
b) Jamal möchte alle 30 Gläser in einem Krug zubereiten.
   Wie viel Liter müssen in diesen Krug passen?
c) Orangensaft und Ananassaft gibt es in Literflaschen.
   Zitronensaft gibt es in Flaschen mit 0,2 l.
   Wie viele Flaschen braucht Jamal von jedem Saft?

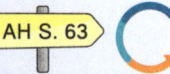
AH S. 63

Sachrechnen mit Größen – Große Zahlen

1 An dem Zahlenstrahl beträgt der Abstand zwischen zwei Nachbarzahlen 1 mm.

a) Wie lang wird der Zahlenstrahl bis zum Punkt für 100 000? Gib das Ergebnis in Meter an.

b) Wie lang würde der Zahlenstrahl werden, wenn auch der Punkt für 1 000 000 markiert werden soll?

2 Kann das stimmen, was die Kinder sagen, oder flunkern einige? Begründet eure Meinung.

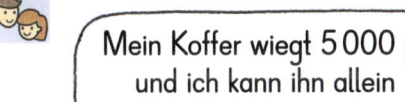

Mein Koffer wiegt 5 000 g und ich kann ihn allein tragen.

Kleinigkeit! Ich kann sogar 200 000 g tragen.

Mein großer Bruder kann sogar 1 000 000 g tragen.

3 Frau Rose hat 100 000 € im Lotto gewonnen.

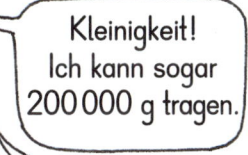

a) Sie möchte einmal sehen, wie viel Geld das ist und lässt es sich in 200-€-Scheinen ausbezahlen. Wie viele Scheine sind es?

b) Stellt euch vor, Frau Rose hätte ihren Gewinn in 1-€-Münzen bekommen. Zehn Münzen wiegen zusammen 75 g. Wie viel Kilogramm würde der gesamte Gewinn wiegen?

4 Die Badeaufsicht erklärt: „In unser Schwimmbecken passt der Inhalt von 5 000 Badewannen. In eine Badewanne passt der Inhalt von vierzig 5-Liter-Eimern." Wie viel Liter passen in das Schwimmbecken?

5

FERMI-AUFGABE

Wie viele Schulstunden hast du während deiner Grundschulzeit insgesamt?

Ein Jahr hat ungefähr 40 Schulwochen.

Pro Woche ...

5 Fermi-Aufgaben sind offene Fragestellungen, bei denen es um die Herangehensweise an das Problem, das Treffen von Annahmen und das Finden einer Näherungslösung geht.

➡ Vorherige Bearbeitung Themenheft Addieren und Subtrahieren bis S. 36 und Themenheft Multiplizieren und Dividieren bis S. 31 empfohlen.

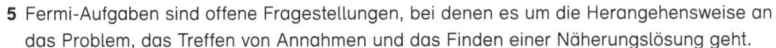

S7

18 A - E

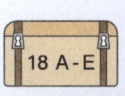

Sachrechnen – Runden

Landeshauptstadt	Einwohnerzahl
Berlin	3 664 088
Bremen	566 573
Dresden	556 227
Düsseldorf	620 523
Erfurt	213 692
Hamburg	1 852 478
Hannover	534 049
Kiel	246 601
Magdeburg	235 775
Mainz	217 123
München	1 488 202
Potsdam	182 112
Saarbrücken	179 349
Schwerin	95 609
Stuttgart	630 305
Wiesbaden	278 609
	Stand: 2020

Erinnerst du dich?

Bei 0, 1, 2, 3, 4 wird abgerundet.
Bei 5, 6, 7, 8, 9 wird aufgerundet.
≈ bedeutet „ist ungefähr".

Einwohnerzahl von Erfurt gerundet auf Zehntausender:

213 692 ≈ 210 000

An der Tausenderstelle steht eine 3, also wird abgerundet.

1 Lege eine Tabelle in deinem Heft an.

1) Stadt	Einwohnerzahl	gerundet
Berlin	3 6 6 4 0 8 8	≈ 3 6 6 0 0 0 0

a) Ordne die Städte nach der Einwohnerzahl und trage sie in die Tabelle ein. Beginne mit der größten Stadt.

b) Runde die Einwohnerzahlen auf Zehntausender und trage die gerundeten Zahlen in die Tabelle ein.

2 a) Stimmt es oder stimmt es nicht?

A In Potsdam und Saarbrücken leben ungefähr gleich viele Menschen.

B In Berlin leben mehr Menschen als in Hamburg, München und Hannover zusammen.

C Düsseldorf hat ungefähr 3-mal so viele Einwohner wie Wiesbaden.

b) Schreibe eigene Aussagen. Dein Partnerkind prüft, ob sie stimmen.

3 Stelle die Einwohnerzahlen dieser Städte in einem Säulendiagramm dar:

Dresden (DD), Schwerin (SN), Mainz (MZ), Wiesbaden (WI), Düsseldorf (D), München (M).

Runde die Einwohnerzahlen auf Hunderttausender.

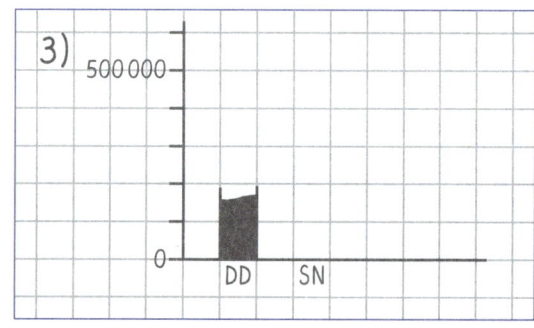

3 Recherche/App-Anwendung: Die Einwohnerzahl von sechs weiteren Städten recherchieren und sinnvoll runden. Gerundete Werte mit geeigneter App in einem Diagramm digital darstellen.
Vorherige Bearbeitung Themenheft Addieren und Subtrahieren bis S. 36 empfohlen.

AH S. 64

32

 ## Sachrechnen – Daten

1 Die Klasse 4a hat in ihrer Klasse eine Umfrage zu den Lieblingseissorten der Kinder durchgeführt. Die Kinder haben das Ergebnis unterschiedlich dargestellt. Welche Darstellung findet ihr am übersichtlichsten? Begründet.

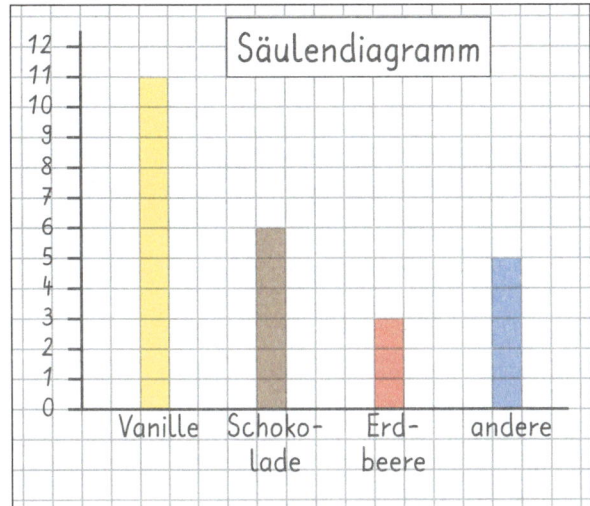

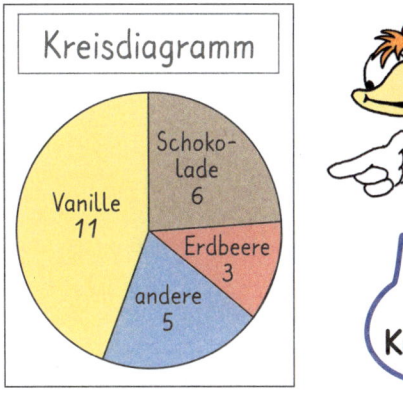

Das ist ein **Kreisdiagramm**.

Tabelle	
Vanille	11
Schokolade	6
Erdbeere	3
andere	5

2 Fragt in eurer Klasse nach den Lieblingseissorten und präsentiert eure Ergebnisse in einem Balkendiagramm oder in einem Säulendiagramm.

3 Die Klasse 4b hat in einem Säulendiagramm dargestellt, wie viele Kinder ihrer Klasse in welchem Monat Geburtstag haben.

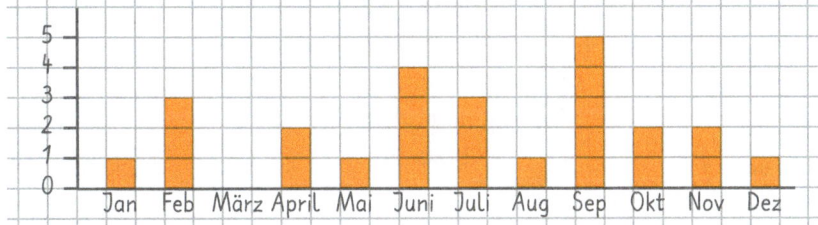

a) In welchem Monat haben die meisten Kinder Geburtstag?
b) In welchem Monat haben die wenigsten Kinder Geburtstag?
c) Wie viele Kinder sind in der Klasse 4b?

4 Stellt in einem Balkendiagramm oder in einem Säulendiagramm dar, wie viele Kinder eurer Klasse in welchem Monat Geburtstag haben.

2, 4 📱 **App-Anwendung/Tabellenkalkulation:** Diagramm der ermittelten Daten mit geeigneter App digital darstellen oder ermittelte Daten in ein Tabellenkalkulationsprogramm eingeben und Diagramm erstellen (Vorlage in der BiBox für Lehrer/-innen).

AH S. 65

Sachrechnen – Daten

1 Das Kreisdiagramm zeigt, wie viel Wasser eine Person in Deutschland durchschnittlich pro Tag verbraucht.

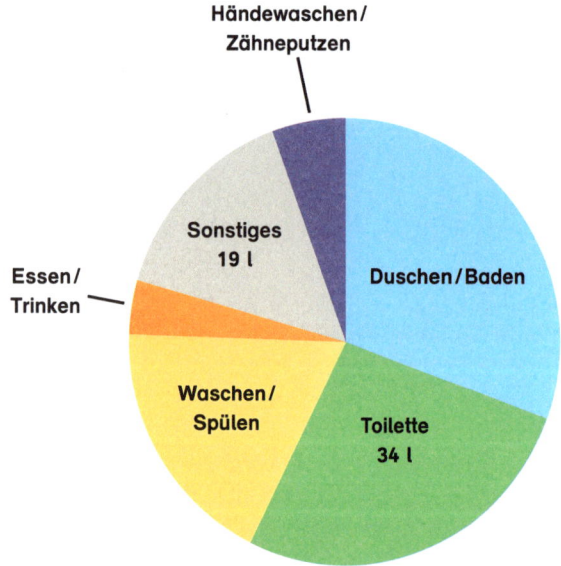

a) Beschreibt das Kreisdiagramm.

b) Ordnet die Wassermengen den Tätigkeiten zu.

| 5 l | 7 l | 23 l | 39 l |

c) Für welche Tätigkeit wird das meiste Wasser und für welche das wenigste Wasser verbraucht?

d) Wie viel Liter Wasser verbraucht eine Person insgesamt pro Tag?

e) Wie viel Liter Wasser verbraucht eine Person insgesamt pro Woche?

2  Eine vierköpfige Familie in Deutschland verbraucht durchschnittlich etwa 500 Liter pro Tag. Familie Wilson verbraucht zu viert durchschnittlich folgende Wassermengen täglich.

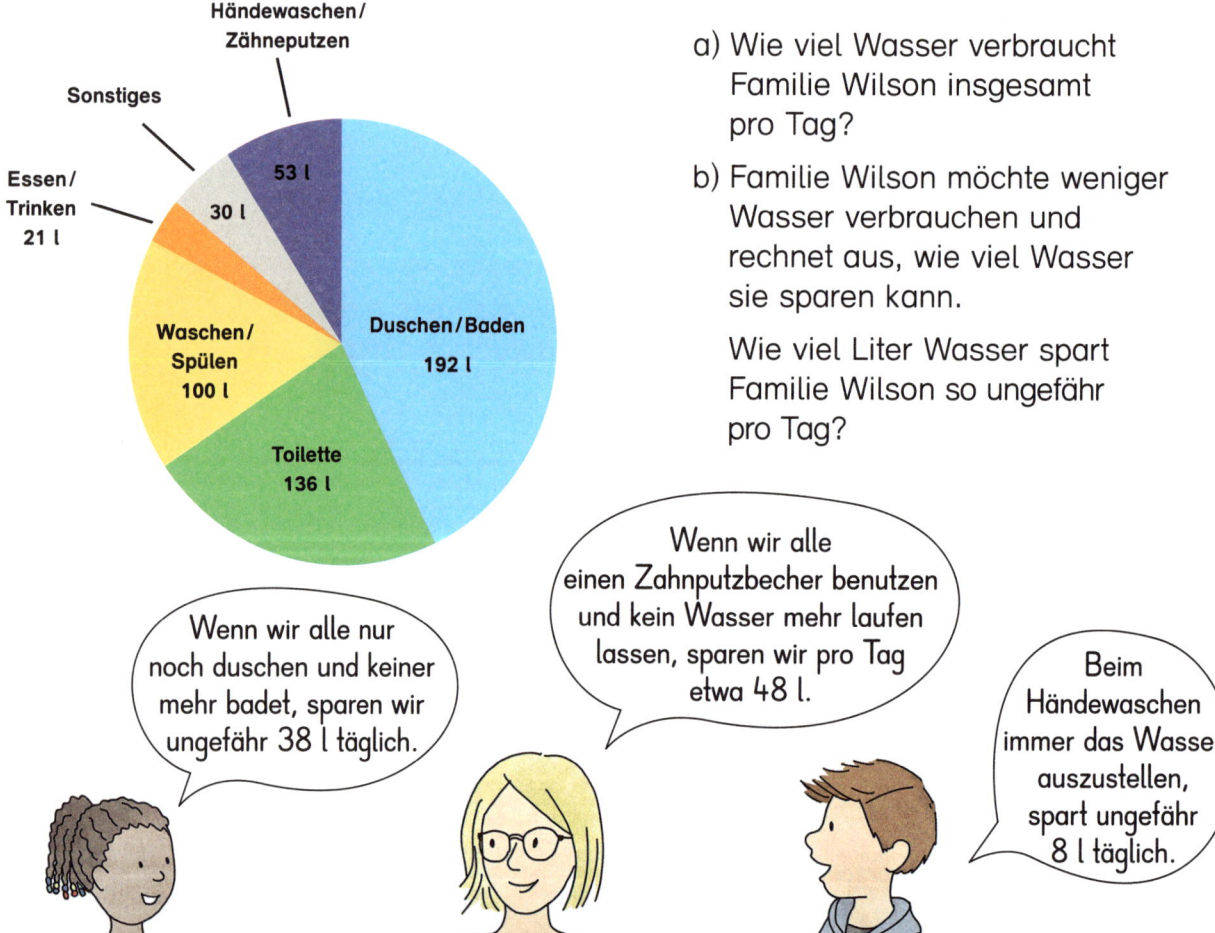

a) Wie viel Wasser verbraucht Familie Wilson insgesamt pro Tag?

b) Familie Wilson möchte weniger Wasser verbrauchen und rechnet aus, wie viel Wasser sie sparen kann.

Wie viel Liter Wasser spart Familie Wilson so ungefähr pro Tag?

Wenn wir alle einen Zahnputzbecher benutzen und kein Wasser mehr laufen lassen, sparen wir pro Tag etwa 48 l.

Wenn wir alle nur noch duschen und keiner mehr badet, sparen wir ungefähr 38 l täglich.

Beim Händewaschen immer das Wasser auszustellen, spart ungefähr 8 l täglich.

 c) Liegen sie damit unter dem durchschnittlichen Wasserverbrauch einer Familie pro Tag?

2 📑 **Recherche:** Weitere Wasserspartipps recherchieren, ein Plakat gestalten oder für eine digitale Pinnwand nutzen.

Sachrechnen – Zufall und Wahrscheinlichkeit

1 Bei diesen Glücksrädern gewinnen immer die gelben Flächen.
Bei welchem Glücksrad hat man die größte Gewinnchance?

A

B

C

2  Bei diesen Glücksrädern gewinnen immer die blauen Flächen.
Bei welchen Glücksrädern hat man die gleiche Gewinnchance? Begründet.

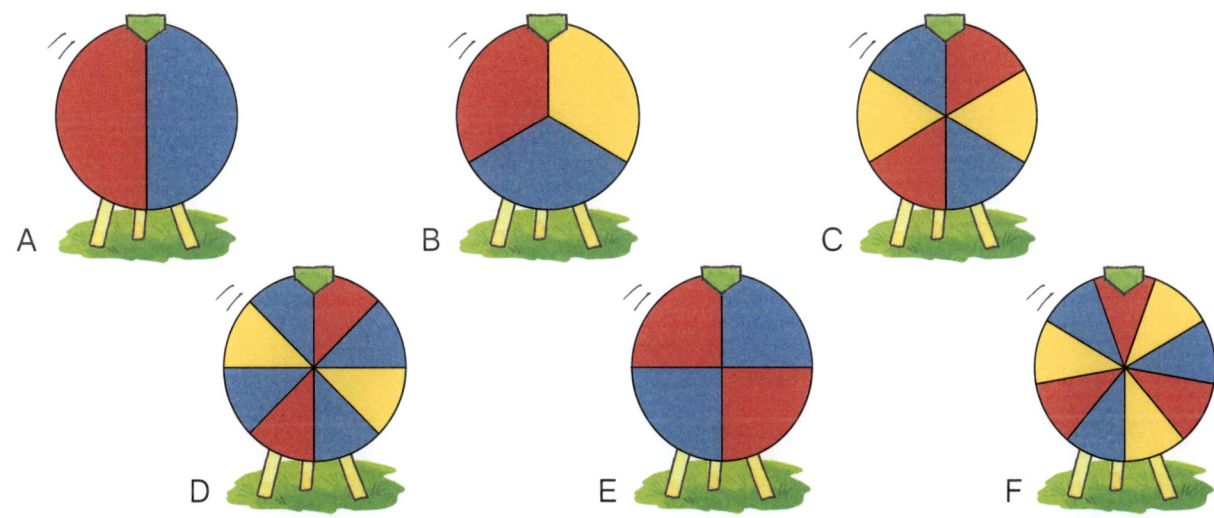

A   B   C

D   E   F

3 Seht euch Glücksrad D aus Aufgabe 2 an.

a) Verändert das Glücksrad farblich so, dass es unmöglich ist, dass Rot gewinnt.
b) Verändert das Glücksrad farblich so, dass es gleich wahrscheinlich ist,
dass Rot oder Blau gewinnt.
c) Warum könnt ihr das Rad farblich nicht so verändern, dass alle drei Farben
die gleiche Gewinnchance haben?

4 Zeichnet passende Glücksräder.

a) Es ist wahrscheinlich, dass Rot gewinnt.

b) Es ist möglich, dass Rot gewinnt, aber unwahrscheinlich.

5 Schreibt drei richtige Aussagen zu dem Glücksrad auf.
Benutzt folgende Begriffe:

sicher		möglich		unmöglich

	wahrscheinlich		unwahrscheinlich	

AH S. 66

Sachrechnen – Zufall und Wahrscheinlichkeit

1 Ordne die Aussagen den Gläsern zu. Eine Aussage passt zu zwei Gläsern.

A   B   C

① Es ist möglich, eine gelbe Kugel zu ziehen.

② Es ist sicher, eine rote Kugel zu ziehen.

③ Es ist unmöglich, eine gelbe Kugel zu ziehen.

④ Es ist wahrscheinlicher, eine rote Kugel als eine gelbe Kugel zu ziehen.

2

a) Zeichnet ein eigenes Glas mit sechs Kugeln, bei dem es gleich wahrscheinlich ist, eine gelbe oder eine rote Kugel zu ziehen.

b) Überprüft eure Vermutung.

Zieht 30-mal mit geschlossenen Augen. Legt die Kugel immer wieder zurück. Legt eine Strichliste an.

2 b)	gelb	rot

3

Zeichnet eigene Gläser mit zehn Kugeln, bei denen …

a) man häufig eine gelbe Kugel, aber selten eine rote Kugel zieht.

b) man immer eine gelbe Kugel, aber nie eine rote Kugel zieht.

c) es unwahrscheinlicher ist, eine gelbe als eine rote Kugel zu ziehen.

4

a) Ergänzt die Sätze. | möglich | | selten | | häufig | | nie |

Wenn man drei Kugeln zieht, ist es ▪, dass sie alle die gleiche Farbe haben.

Wenn man fünf Kugeln zieht, haben sie ▪ alle unterschiedliche Farben.

Wenn man zwei Kugeln zieht, haben beide ▪ unterschiedliche Farben.

Wenn man vier Kugeln zieht, haben sie ▪ alle die gleiche Farbe.

b) Schreibt zu den Begriffen | sicher | und | unmöglich | eigene Aussagen.

5 a) Wie viele Kugeln musst du mindestens ziehen, damit du sicher eine blaue Kugel hast?

b) Wie viele Kugeln musst du mindestens ziehen, damit du sicher eine gelbe Kugel hast?

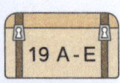 19 A - E

2 Für die Aufgabe werden gelbe und rote Kugeln (oder Würfel o. Ä.) und Gläser oder Schälchen benötigt.

Sachrechnen – Kombinieren

1 Tim möchte sich zum Karneval als Clown verkleiden.
Er hat für sein Kostüm diese Kleidungsstücke zur Auswahl:

Tim hat ein Baumdiagramm gezeichnet um zu sehen, wie viele Möglichkeiten es gibt, sich damit zu verkleiden.

Das ist ein **Baumdiagramm**.

a) Seine Mutter gibt ihm zusätzlich ein grün-weiß gestreiftes Hemd.
Wie viele Möglichkeiten der Kostümierung hat Tim jetzt?
Zeichne ein passendes Baumdiagramm.

b) In einer Kiste entdeckt Tim noch zwei Hüte, einen schwarzen und einen braunen.
Wie viele Möglichkeiten hat er jetzt? Ergänze dein Baumdiagramm.

2 Yuna möchte sich auch als Clown verkleiden.

a) Sie hat drei Hüte zur Auswahl.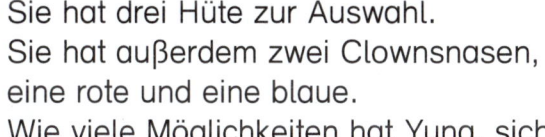
Sie hat außerdem zwei Clownsnasen,
eine rote und eine blaue.
Wie viele Möglichkeiten hat Yuna, sich zu verkleiden? Zeichne ein Baumdiagramm.

b) Yuna hat noch drei Fliegen entdeckt.
Wie viele Möglichkeiten hat Yuna jetzt?
Ergänze dein Baumdiagramm.

3 a) Stimmt die Werbung? Gibt es wirklich über 20 verschiedene Möglichkeiten?

b) Wie viele verschiedene Menüs wären es, wenn zusätzlich noch Kuchen und
rote Grütze als Nachspeise angeboten würden?

**Über 20 verschiedene Menüs
(Vorspeise, Hauptgericht, Nachspeise)**

Vorspeise:	Hauptgericht:	Nachspeise:
Melone	*Burger*	*Eis*
Salat	*Nudelauflauf*	*Joghurt*
	Pizza	*Obstsalat*
		Quark

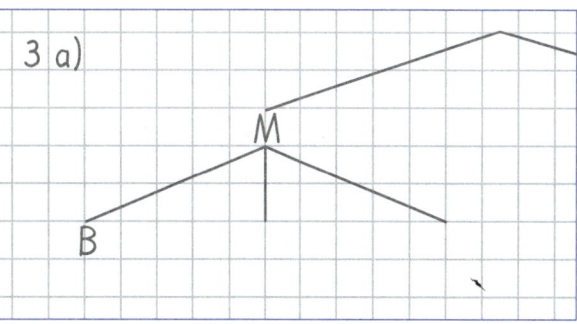

Sachrechnen – Kombinieren

1

a) Mika macht Obstspieße. Auf jedem Spieß soll eine Erdbeere (E), ein Stück Apfel (A) und ein Stück Banane (B) sein.

Wie viele unterschiedliche Obstspieße kann Mika machen?

1 a)	E	–	A	–	B

b) Im Obstkorb hat Mika auch noch Orangen (O) gefunden.

Wie viele unterschiedliche Obstspieße kann er jetzt machen?

c) Mika hat mit Erdbeeren, Äpfeln und Bananen wieder Spieße mit jeweils drei Obststücken gemacht.
Diesmal sind es 27 verschiedene Spieße geworden.

Was hat er anders gemacht?

2 Enes hat die Telefonnummer von seinem Freund vergessen.
Er weiß noch, dass sie mit 40 anfängt.
Die anderen Ziffern sind 2, 3, 6 und 7.
An die Reihenfolge erinnert er sich aber nicht.

2 a)	4	0	2	3	6	7
	4	0	2	3	7	6

a) Wie viele Möglichkeiten für die Reihenfolge gibt es?

b) Wie viele Möglichkeiten gibt es, wenn die letzte Ziffer ungerade ist?

3 Lia soll im Kunstunterricht ein Muster malen.
Sie hat je einen Stift in den Farben gelb, lila, orange und rot.
Für das Muster sollen genau drei Farben benutzt werden.

Welche Möglichkeiten hat sie, die Farben auszuwählen?

4 Beim Treffen auf der Skaterbahn klatschen sich die Skater zur Begrüßung ab.
Jeder begrüßt jeden.
Insgesamt wurde 21-mal abgeklatscht.

Wie viele Skater sind auf der Skaterbahn?

AH S. 67

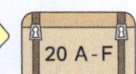
20 A-F

Datenmengen – Megabyte, Kilobyte und Byte

Texte, Bilder und Videos können auf einem Tablet oder einem Computer gespeichert werden. Diese Dateien haben verschiedene Größen.

Als Anhang meiner E-Mail kann ich höchstens 4 MB verschicken. Unser Foto hat 4 500 KB. Kann ich die E-Mail abschicken?

Frag Flex und Flo

Die Größe einer Datei wird in **Megabyte**, **Kilobyte** oder **Byte** angegeben.

1 Megabyte (MB)	=	1 000 Kilobyte (KB)
	=	1 000 000 Byte (B)
1 Kilobyte (KB)	=	1 000 Byte (B)

Das hier kann uns helfen!

1 Können Lina und Jaro ihr Foto vom Sommerfest als Anhang verschicken?

2 Lina und Jaro haben acht Bilder vom Sommerfest gemalt und eingescannt.
Jedes Bild ist ungefähr 600 KB groß.
Sie möchten die Bilder ihrer Lehrerin per E-Mail schicken.
Die Dateien im Anhang dürfen zusammen höchstens 4 MB groß sein.

a) Können sie die acht Bilder mit einer E-Mail verschicken?
b) Wie viele Bilder können sie mit einer E-Mail verschicken?

3 Linas Mutter hat auf dem Sommerfest den Auftritt des Chors gefilmt.
Der Film hat 16,5 MB.

Wie viele Kilobyte sind das?

0,1 MB = 100 KB

4 Jaros Vater möchte den Bericht vom Sommerfest von der Homepage der Schule auf sein Tablet laden. Auf dem Tablet sind noch 600 KB frei. Die Datei hat 1 MB.

Wie viele Kilobyte muss Jaros Vater löschen, bevor er die Datei herunterladen kann?

5 Wandle um in Byte.

a) 3 KB   b) 10 KB   c) 300 KB   d) 5 MB   e) 27 MB   f) 419 MB

5 a)	3 KB =

6 Wandle um. Erst in Kilobyte, dann in Megabyte.

a) 60 000 000 B   b) 8 000 000 B   c) 900 000 000 B   d) 1 000 000 B

Der Roboter Flex bewegt sich nur auf Befehl. Er versteht nur bestimmte Befehle.

Programmier-Befehle und ihre Bedeutungen:

◣ Gehe auf Start. Blicke in Pfeilrichtung.

↑ Gehe ein Feld vorwärts.

3↑ Gehe drei Felder vorwärts.

↱ Drehe dich nach rechts.

↰ Drehe dich nach links.

Mehrere Befehle hintereinander ergeben ein Programm.

Gehe auf Start.
Blicke in Pfeilrichtung.
Gehe drei Felder vorwärts.
Drehe dich nach rechts.
Gehe zwei Felder vorwärts.

1 Welches Programm passt zu welcher Schatzkarte?

A ◣ 2↑ ↰ 2↑

B ◣ 3↑ ↱ 2↑

C ◣ ↰ 2↑ ↱ 3↑

①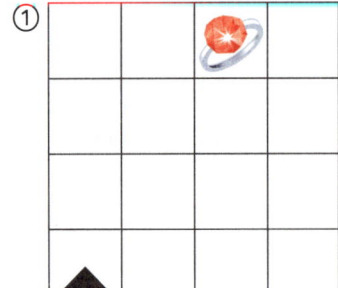

②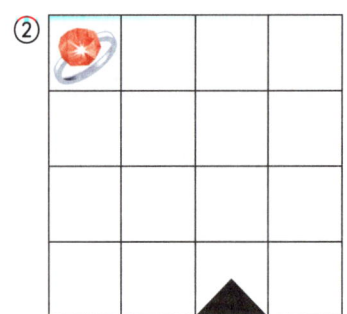

③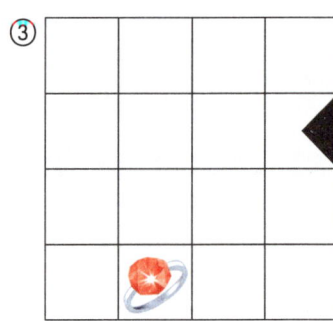

2 a) Schreibt ein Programm für den eingezeichneten Weg.

A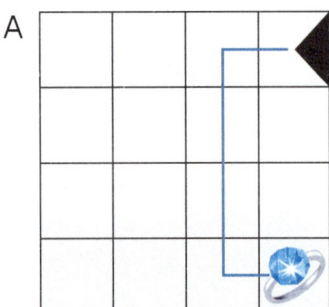

B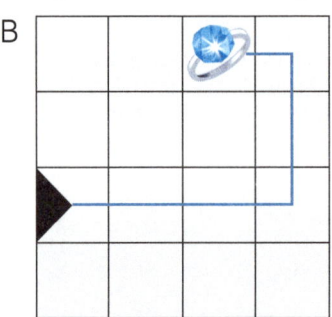

C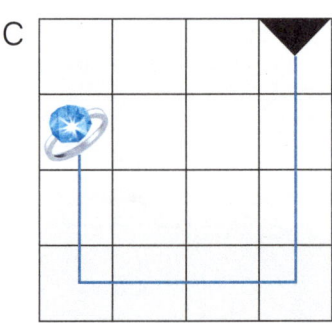

b) Findet ein Programm mit so wenigen Befehlen wie möglich zum Schatz.

Algorithmen sind Beschreibungen von Handlungsschritten. Sie sind ein wesentlicher Baustein von Programmierungen. Beim Programmieren (Coding) werden sie in eine präzise, formale Programmier-Sprache übertragen und dabei durch Verallgemeinerungen und Zusammenfassungen so übersichtlich und kurz wie möglich dargestellt.

Werkzeuge fürs Coding – Algorithmen

1 Ordnet zu.

A
B
C

①
②
③

2 Schreibt die Programme mit einer Zählschleife.

a)

b)

3 Schreibe die Programme mit einer Zählschleife.

A   B   C   D

4 Welches Programm passt?

A

B

C

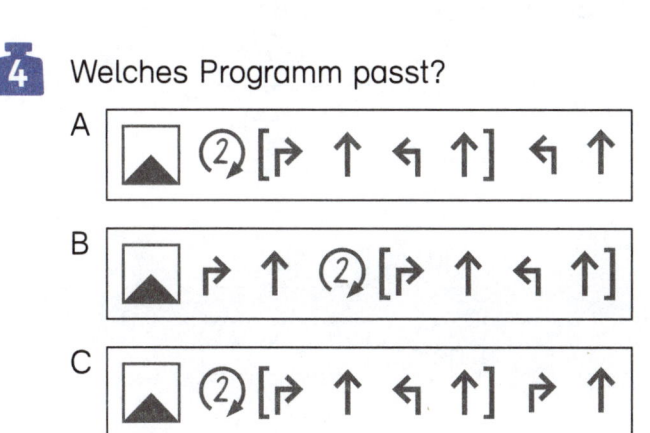

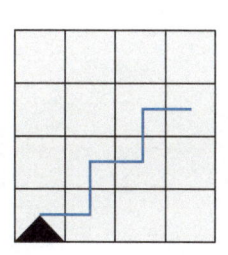

Werkzeuge fürs Coding – Entscheidungsbäume

Flo spielt „Tiere raten" am Computer:
Der Computer zeigt Flo vier Tiere.
Flo sucht sich heimlich eins aus.
Dann stellt der Compter ihm Fragen.
Flo antwortet mit „ja" und „nein".
Am Ende zeigt der Computer das richtige Tier.

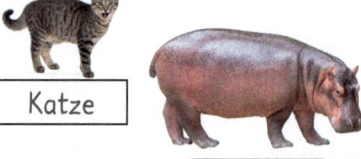
Katze

Nilpferd

Hund

Affe

Ist das Tier ein Haustier?
NEIN   JA

Kann das Tier auf Bäume klettern?
NEIN   JA

1 Flex möchte wissen, wie der Computer das Tier gefunden hat.
Dafür hat er zu Flos Spiel einen Entscheidungsbaum gezeichnet.
An welcher Stelle steht welches Tier in dem Entscheidungsbaum?

Katze   Nilpferd   Hund   Affe

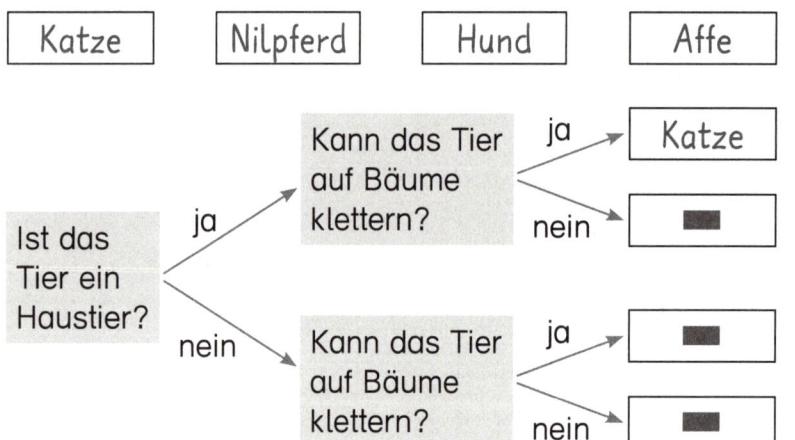

Ist das Tier ein Haustier?
— ja → Kann das Tier auf Bäume klettern?
  — ja → Katze
  — nein → ▬
— nein → Kann das Tier auf Bäume klettern?
  — ja → ▬
  — nein → ▬

1) Antworten	Tier
ja, ja	Katze
ja, nein	
nein, ja	
nein, nein	

2 a) Wählt vier eigene Tiere und findet passende Fragen für ein Spiel.

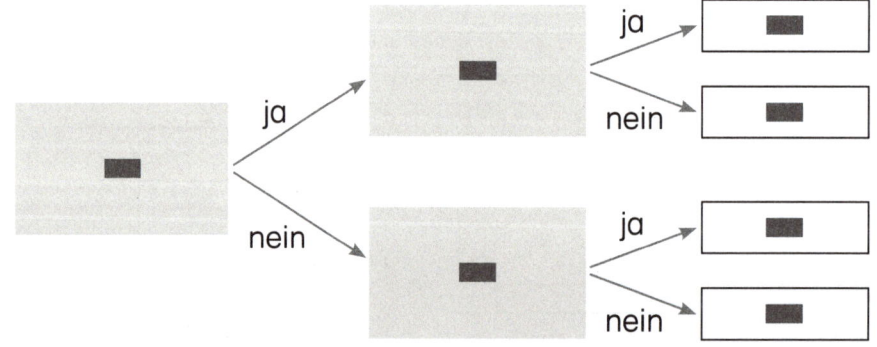

b) Funktioniert euer Spiel? Überprüft.

Entscheidungsbäume werden genutzt, wenn Computer Eingaben mit zuvor festgelegten Ausgaben verknüpfen sollen, z.B. wenn ein Computer lernen soll, Tiere in verschiedene Gruppen einzuteilen oder nach einer bestimmten Antwort auf eine Frage eine sinnvolle Anschlussfrage zu stellen (Maschinelles Lernen). Sie werden auch eingesetzt, um den Aufbau eines Programms zu modellieren/ zu optimieren.

Werkzeuge fürs Coding – Entscheidungsbäume

In der Klasse 4 b haben die Kinder „Tiere raten" gespielt.
Immer ein Kind hat sich ein Tier ausgedacht,
ein Kind war der Computer und hat Fragen gestellt
und ein Kind hat zu ihrem Spiel
einen Entscheidungsbaum gezeichnet.

Huhn  · Pferd · Fisch · Tiger

A
Ist das Tier ein Tiger? — ja → Tiger
nein → Ist das Tier ein Huhn? — ja → Huhn
nein → Ist das Tier ein Fisch? — ja → Fisch
nein → Pferd

B
Hat das Tier vier Beine? — ja → Hat das Tier Krallen? — ja → Tiger
nein → Pferd
nein → Hat das Tier Federn? — ja → Huhn
nein → Fisch

C
Hat das Tier vier Beine? — ja → Lebt das Tier auf dem Bauernhof? — ja → Pferd
nein → Tiger
nein → Lebt das Tier auf dem Bauernhof? — ja → Huhn
nein → Fisch

D
Lebt das Tier im Wasser? — ja → Fisch
nein → Hat das Tier vier Beine? — ja → Lebt das Tier auf dem Bauernhof? — ja → Pferd
nein → Tiger
nein → Huhn

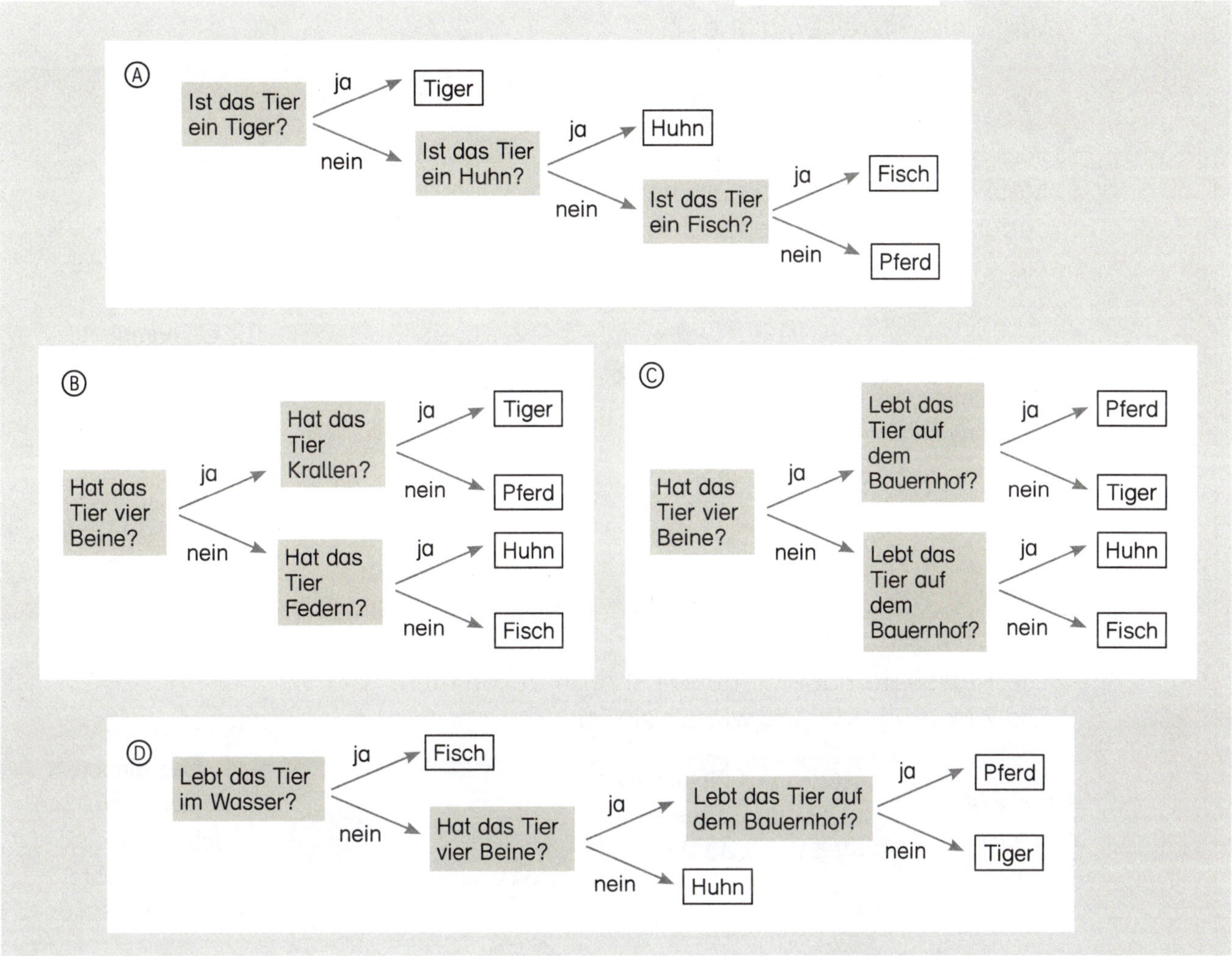

1 Spielt „Tiere raten" wie die Klasse 4b.

Hund · Amsel · Papagei · Elefant

Federn · Rüssel · Anzahl der Beine

a) Spielt mindestens zwei Runden und fragt dabei immer so wie eine der Gruppen A, B, C oder D. Zeichnet auch Entscheidungsbäume.

b) Spielt noch einmal, fragt jetzt aber immer wie eine andere Gruppe. Zeichnet auch Entscheidungsbäume.

2  Ihr wollt jedes Tier so schnell wie möglich erraten und dabei immer so wenig Fragen hintereinander stellen wie möglich.
Welche Art zu fragen ist dann günstig?

Es ist günstig zu fragen wie Gruppe ...

Blanko-Kopiervorlage zur Notation von Entscheidungsbäumen in der Handreichung/BiBox für Lehrer/-innen.

43

Entdecken und knobeln

1 Für eine Schulaufführung wurden insgesamt 77 Stühle in Reihen aufgestellt.
Jede Reihe hat zwei Plätze mehr als die vorige.
In einer dieser Reihen sind 13 Stühle.

Wie viele Sitzreihen gibt es?

2 Melik und Lea möchten ein neues Spiel kaufen.
Jeder will gleich viel bezahlen.

Wie viel Geld hat Melik?

Ich habe sogar 15 € mehr, als ich bräuchte.

 Melik

 Lea

Ich habe erst ein Viertel des Geldes. Ich muss noch 12 € sparen.

3 Die Klasse 4a hat eine neue Lehrerin bekommen.
Die Kinder überlegen, wie alt sie ist.

Ich glaube, sie ist 29 Jahre alt.

Nein, sie ist bestimmt 38 Jahre alt.

Das glaube ich nicht. Ich schätze sie auf 33 Jahre.

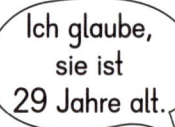

Ein Kind hat sich um ein Jahr verschätzt, ein anderes um vier Jahre
und ein drittes um fünf Jahre. Wie alt ist die Lehrerin?

4 Familie Kliminski und Familie Bock wollen sich in den Ferien treffen.
Familie Kliminski fährt in einer Stunde 80 km. Familie Bock kommt nur
halb so schnell vorwärts. Nach zwei Sunden treffen sich die beiden Familien.

Wie weit wohnen sie
voneinander entfernt?

1 Die Aufgabe eignet sich im Anschluss an Seite 7.
2 Die Aufgabe eignet sich im Anschluss an Seite 8.
3 Die Aufgabe eignet sich im Anschluss an Seite 16.
4 Die Aufgabe eignet sich im Anschluss an Seite 21.

5 Wie viel wiegt eine gelbe Kugel, eine blaue Kugel, eine grüne Kugel?

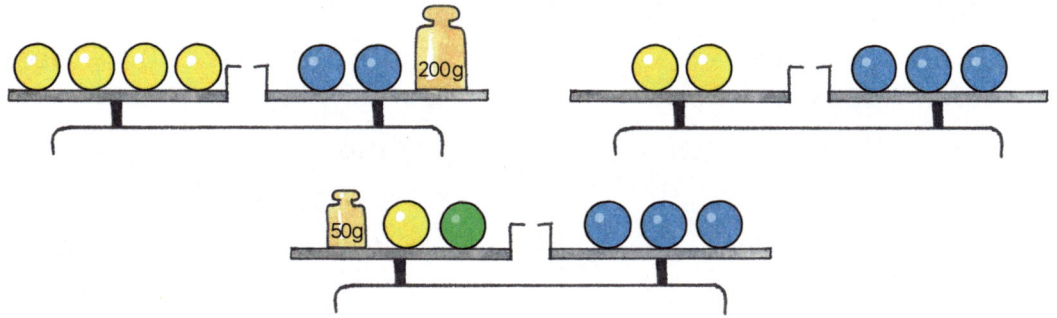

6 Jonas hat früher jede Woche zweimal gebadet. Stattdessen duscht er jetzt jede Woche zweimal. Für ein Bad hat er 150 l Wasser gebraucht. Für eine Dusche braucht er 60 l Wasser. Nach einem Jahr hat Jonas so viel Wasser gespart, dass er damit ein weiteres Jahr duschen kann.

Kann das stimmen? Begründe.

7 Lorenzo und Lenja haben bunte Kugeln in einen Beutel gegeben. Sie lassen in ihrer Klasse 200-mal jeweils eine Kugel ziehen. Danach wird die Kugel wieder zurückgelegt. Ihr Ergebnis haben sie in einem Balkendiagramm dargestellt.

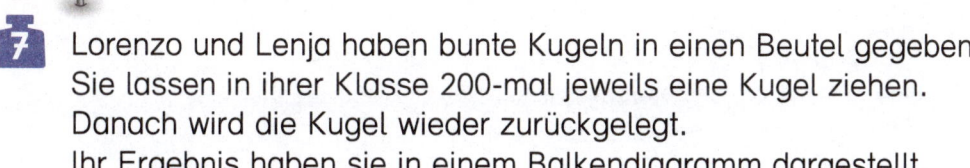

Welche Kugeln waren wahrscheinlich im Beutel? Begründe.

A	rot:	4 Kugeln	B	blau:	1 Kugel	C	grün:	3 Kugeln	D	gelb:	3 Kugeln
	gelb:	3 Kugeln		gelb:	4 Kugeln		rot:	2 Kugeln		rot:	2 Kugeln
	grün:	2 Kugeln		grün:	3 Kugeln		gelb:	4 Kugeln		orange:	3 Kugeln
	orange:	1 Kugel		rot:	2 Kugeln		orange:	1 Kugel		grün:	1 Kugel

5 Die Aufgabe eignet sich im Anschluss an Seite 24.
6 Die Aufgabe eignet sich im Anschluss an Seite 34.
7 Die Aufgabe eignet sich im Anschluss an Seite 36.

Fachwörter und Redemittel

Längen

Meter und Zentimeter

1 Meter hat 100 Zentimeter.
1 m = 100 cm

270 cm = 2 m 70 cm = 2,70 m

**Das Komma trennt
Meter und Zentimeter.**

Zentimeter und Millimeter

1 Zentimeter hat 10 Millimeter.
1 cm = 10 mm

27 mm = 2 cm 7 mm = 2,7 cm

**Das Komma trennt
Zentimeter und Millimeter.**

Kilometer und Meter

1 Kilometer hat 1 000 Meter.
1 km = 1000 m

2 750 m = 2 km 750 m = 2,750 km

Das Komma trennt Kilometer und Meter.

$\frac{1}{4}$ km = 250 m = 0,250 km
$\frac{1}{2}$ km = 500 m = 0,500 km
$\frac{3}{4}$ km = 750 m = 0,750 km

Zwei Kilometer und
siebenhundertfünfzig Meter

Zwei Komma
sieben fünf null Kilometer

Gewicht

Kilogramm und Gramm

1 Kilogramm hat 1 000 Gramm.
1 kg = 1000 g

2 139 g = 2 kg 139 g = 2,139 kg

**Das Komma trennt
Kilogramm und Gramm.**

2 700 g = 2 kg 700 g = 2,700 kg

Zwei Kilogramm
und 139 Gramm

Zwei Komma
eins drei neun Kilogramm

Tonne und Kilogramm

1 Tonne hat 1 000 Kilogramm.
1 t = 1000 kg

8 265 kg = 8 t 265 kg = 8,265 t

**Das Komma trennt
Tonne und Kilogramm.**

3 600 kg = 3 t 600 kg = 3,600 t

Acht Tonnen und
265 Kilogramm

Acht Komma
zwei sechs fünf Tonnen

Rauminhalt

Liter und Milliliter

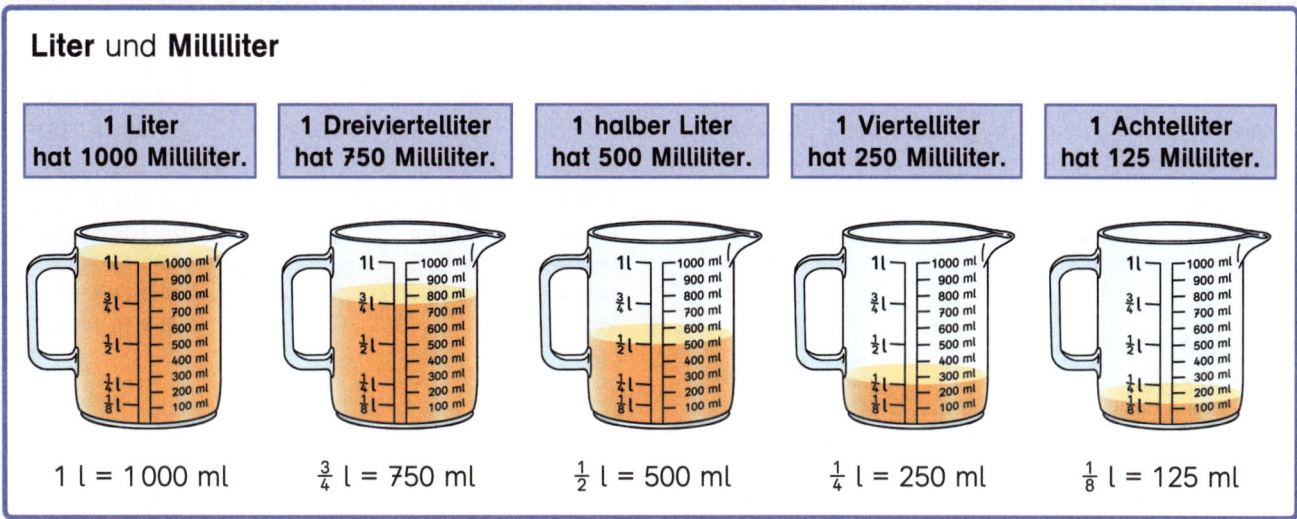

| 1 Liter hat 1000 Milliliter. | 1 Dreiviertelliter hat 750 Milliliter. | 1 halber Liter hat 500 Milliliter. | 1 Viertelliter hat 250 Milliliter. | 1 Achtelliter hat 125 Milliliter. |

$1\ l = 1000\ ml$ $\frac{3}{4}\ l = 750\ ml$ $\frac{1}{2}\ l = 500\ ml$ $\frac{1}{4}\ l = 250\ ml$ $\frac{1}{8}\ l = 125\ ml$

Zwei Liter und 365 Milliliter

2365 ml = 2 l 365 ml = 2,365 l

Das Komma trennt Liter und Milliliter.

1300 ml = 1 l 300 ml = 1,300 l

Zwei Komma drei sechs fünf Liter

Sachrechnen – Daten

Kreisdiagramm

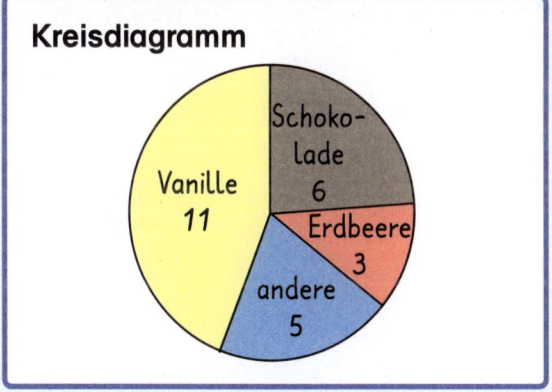

Sachrechnen – Kombinieren

Baumdiagramm

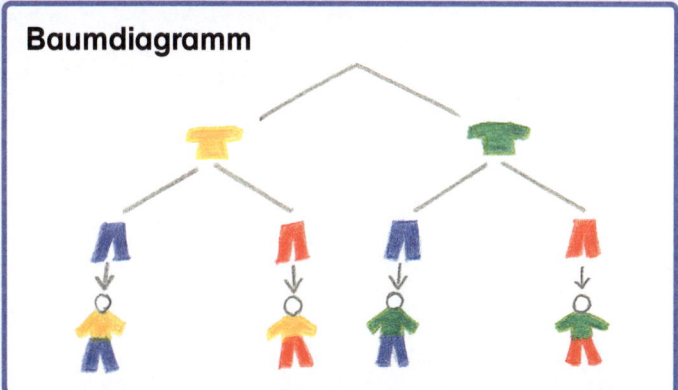

Datenmengen

Die Größe einer Datei wird in **Megabyte**, **Kilobyte** oder **Byte** angegeben.

1 Megabyte (MB)	=	1000 Kilobyte (KB)
	=	1000000 Byte (B)
1 Kilobyte (KB)	=	1000 Byte (B)

Flex und Flo für das 4. Schuljahr

MATERIALIEN FÜR SCHÜLERINNEN UND SCHÜLER

Addieren und Subtrahieren 4 978-3-14-118295-8
Multiplizieren und Dividieren 4 978-3-14-118296-5
Geometrie 4.. 978-3-14-118297-2
Sachrechnen und Größen 4............................ 978-3-14-118298-9

Lernpaket 4
4 Themenhefte + Beilagen.............................. 978-3-14-118299-6
BiBox für Schüler/-innen WEB-14-118314

ZUSATZMATERIALIEN
Arbeitsheft 4 978-3-14-118302-3
Trainingsheft 4.. 978-3-14-118331-3

Themenhefte inklusiv D
Addieren und Subtrahieren (D) 978-3-14-118425-9
Multiplizieren und Dividieren (D)................... 978-3-14-118426-6
Geometrie (D)... 978-3-14-118427-3
Sachrechnen und Größen (D)......................... 978-3-14-118428-0

Lernpaket inklusiv D
4 Themenhefte + Beilagen 978-3-14-118424-2

MATERIALIEN FÜR LEHRERINNEN UND LEHRER

Handreichung 4... 978-3-14-118304-7
BiBox für Lehrer/-innen 4, Einzellizenz WEB-14-118315
        Kollegiumslizenz WEB-14-118317
Kopiervorlagen 4 978-3-14-118321-4
Förder-Kopiervorlagen 4 978-3-14-118323-8
Forder-Kopiervorlagen 4 978-3-14-118325-2
Lernwege-Karten 4.. 978-3-14-118328-3
Diagnoseheft 4 978-3-14-118318-4
Entdeckerkartei 4 978-3-14-118330-6